만화로 배우는
재무회계

MANGA DE MI NI TSUKU FINANCE
by Yuichi Ishino
Character design & illustration by Toi Ishino
Produced by TREND-PRO
Copyright © 2017 Yuichi Ishino
Korean translation copyright ©2023 by Vision B&P
All rights reserved.

Original Japanese language edition published by Diamond, Inc.
Korean translation rights arranged with Diamond, Inc.
through Shinwon Agency Co.

이 책의 한국어판 저작권은 신원 에이전시를 통한 저작권사와의 독점계약으로 ㈜비전비엔피에 있습니다. 저작권법에 의해 한국 내에서 보호를 받는 저작물이므로 무단전재와 복제를 금합니다.

만화로 배우는 재무회계

영어, 컴퓨터보다 중요한 재무회계 입문서,
회사의 현금흐름이 한눈에 보인다!

만화 비즈니스 클래스 ❶

이시노 유이치 글 | 이시노 도이 그림 | 신현호 옮김

비전코리아

주요 등장인물

아라시야마 쇼타(30세)

젠테크 재무부 사원. 영업의 길만 걸어와 지금까지 결산서나 회계를 제대로 배운 적이 없음에도 느닷없이 재무부로 발령받아 충격에 빠진다. 간이축구인 풋살 동호회 회원. CFT 팀장

구도 유이(29세)

젠테크 구매부 사원. 경영학과를 졸업했으며 업무 능력이 뛰어나고 부지런하며 애교마저 겸비해 절대 미워할 수 없는 캐릭터. 풋살 동호회 회원. CFT 팀원

무라카미 노부히로(32세)

젠테크 영업부 사원. 영업부에서 가장 잘나가는 젊은 에이스. 아라시야마가 영업부 근무 시절 함께 일한 선배로, 실적이 신통치 못했던 그를 늘 탐탁지 않게 생각한다. CFT 팀원

다바타 게이치(30세)

젠테크 생산부 사원. 일처리가 꼼꼼하고 능숙한 일꾼으로 사내에서 높은 평가를 받는다. 아라시야마와는 입사 동기로 마음이 맞는 술친구이기도 하다. CFT 팀원

고든 더글러스(54세)

미국 대기업 테크퍼스트에서 부임해 온 젠테크의 신임 사장. 하버드대학교에서 MBA를 취득, 숫자에 강하고 강력한 리더십의 소유자다. 비용 삭감이란 말을 입에 달고 살아 '코스트 커터(Cost Cutter)'가 별명이다.

진나이 다카오(43세)

젠테크 재무부장. 대학 졸업 후 대기업 종합상사에서 일하다 스탠퍼드대학교에서 MBA를 취득하고 실리콘밸리에 있는 벤처기업에 다녔다. 6개월 전 젠테크 재무팀이 재무부로 승격하면서 스카우트되어 입사. 풋살 동호회 회원.

CFT(Cross Function Team, 상호기능팀): TFT(Task Force Team)처럼 특정 주제를 검토, 분석 및 해결하기 위해 회사 내 각 부서에서 인원을 차출해 만든 팀.

차례

프롤로그 004
주요 등장인물 006

1 이대로 가다간 흑자도산한다!

Check Point 이익과 현금은 다르다 025

회계와 재무는 어떻게 다를까
이익은 의견이고 현금은 팩트다
과거인가 미래인가
재무상태표를 알아보자
재무상태표를 분해한다
이익잉여금은 사용할 수 없다
PL 경영에서 BS 경영으로
손익계산서의 다섯 가지 이익
영업 활동에 따른 현금흐름
투자 활동에 따른 현금흐름
재무 활동에 따른 현금흐름

2 가치경영으로 방향을 전환하라

Check Point 리스크는 손실이 아니다 062

리스크의 본질을 알아보자
리턴과 이자와 수익률은 같은 것
손에 넣는 시기에 따라 돈의 가치가 달라진다
미래가치와 현재가치
할인율의 본질

3 현금 확보가 시급하다!

Check Point 기업 가치는 두 가지로 나뉜다 093

기업 가치는 무엇인가
잉여현금흐름은 무엇인가
운전자본이란 무엇인가

4 현금을 어떻게 창출할까?

Check Point 현금을 창출하는 방법 114

영업이익을 늘린다
비용을 줄이는 두 가지 방법
조달 전략은 어떻게 세울까
판매비와 일반관리비를 줄인다
운전자본을 관리한다
운전자본의 관리는 뒷전

5 부서 갈등, 전쟁의 시작

Check Point 비사업 자산을 현금으로 전환하다 151
애셋 리스트럭처링
전체 원가계산과 직접 원가계산

6 투자를 할 것인가, 말 것인가?

Check Point 공격적 투자의 판단 기준 172

언제 투자하는가
순현재가치(NPV)법
할인율은 WACC 사용
할인율의 적정 범위
내부수익률(IRR)법
WACC와 IRR의 비교
IRR법의 결점

7 부채를 어디까지 상환하는가?

Check Point 차입금이 없으면 좋은 회사일까? 205

채권자와 주주의 마인드 차이
경영자는 사업의 영속성 추구
주주자본비용과 부채비용 중 어느 쪽 부담이 큰가

에필로그 210
참고문헌 214

[도표 차례]

〈도표 1〉 재무상태표 구조 029
〈도표 2〉 재무상태표 자산 영역 항목 031
〈도표 3〉 재무상태표 부채와 자본 영역 항목 032
〈도표 4〉 손익계산서 구조 035
〈도표 5〉 현금흐름표 구조와 개념 037
〈도표 6〉 미래가치 계산식 065
〈도표 7〉 현재가치 계산식 066
〈도표 8〉 기업 가치를 구성하는 것 094
〈도표 9〉 운전자본 098
〈도표 10〉 판매가격 시뮬레이션 115
〈도표 11〉 부문별 운전자본 관리 122
〈도표 12〉 전체 원가계산과 손익과의 관계 155
〈도표 13〉 직접 원가계산과 손익과의 관계 155
〈도표 14〉 투자 판단 결정 과정 173

1
이대로 가다간 흑자도산한다!

재무상태표 (Balance Sheet)

운용	조달
자산	부채
	자본 자본금 이익잉여금

- 기업은 부채나 자본이란 형태로 외부에서 자금을 조달하여 ← 돈
- 자산으로 빙글빙글 돌리며 운용하죠. 옆의 표처럼요.

그 돈은 왼쪽의 자산 영역에서 재고나 공장의 건물·기계설비 같은 형태로 모습이 바뀌어 운용되고 있으니까요.

변신

자본금이라든가 이익잉여금은 자본 영역에 위치해요. 하지만 여기에 실제로 돈이 쌓여 있는 건 아니에요.

예를 들어 유니클로 매장에 있는 의류 제품도 돈이 형태를 바꾸어 빙글빙글 운용되고 있다는 건가?

그 말은…

CHECK POINT

이익과 현금은 다르다

회계와 재무는 어떻게 다를까

가장 큰 차이는, 회계(Accounting)는 '이익'을 다루고 재무(Finance)는 '현금'을 다룬다는 점이다. 여기서 '이익'은 매출에서 비용을 뺀 차액이다(수익은 총매출로 이익과 다르다). '이익'은 실체가 없는 추상적 개념이기 때문에 '이익'을 가지고 직접 물건을 살 수는 없다. 한마디로 가상(Virtual) 존재다. 반면 현금은 현실에 실제로 존재하는 돈의 흐름을 반영한다.

매출이나 비용은 현금의 실질적인 이동 방향과는 상관없이 고객에게 상품을 판매하거나 구매한 시점에 회계상 '인식'하고 장부에 올린다. 이것이 '회계상의 이익'과 '현금 잔액'이 달라지는 하나의 원인이다.

이처럼 이익과 현금은 서로 다르기에 기업이 이익을 냈더라도 현금 부족으로 도산하는 일이 발생한다. 이를 **흑자도산**이라고 한다. 매출이

나오고 장부상 이익이 있는데 거래처에서 아직 대금을 받지 못해 자금 융통에 곤란을 겪다가 도산하는 것이다.

그럼 도대체 '이익'이라는 개념은 왜 필요할까?

기업이 프로젝트처럼 일정 기간이 지나 종료된다면 '이익'이라는 개념은 필요 없다. 종료 후 남은 돈을 자금 제공자(채권자와 주주)에게 분배해주면 그만이니까. 즉 프로젝트가 끝나는 시점에 차입금(조달된 자금)이 있으면 그것을 상환하고, 나머지 돈은 주주의 출자 비율에 따라 공평하게 나눠주면 된다는 말이다.

그러나 실제 기업은 프로젝트가 아니다. 기업에게는 사업 활동을 계속한다는 전제 아래 따라야 할 각종 제도가 있다. 1년 단위로 이익 계산을 하도록 요구하는 것도 그중 하나다.

이익을 계산하는 목적은 크게 세 가지다.

첫째, 세금 계산을 위해서. 세금 공제 전 당기순이익(세전 당기순이익)을 기준 삼아 세금을 계산하기 때문이다.

둘째, 자금 제공자인 주주들을 위해 배당 금액을 정하는 기준으로 삼기 위해서.

셋째, 기업 안팎에서 '이익'을 판단 근거로 실적이 좋은지 나쁜지 짚어보기 위해서.

그래서 '이익'이라는 개념이 필요하다. 다만 **기업이 존속하기 위해서는 현금도 매우 중요하다**는 것이다.

이익은 의견이고 현금은 팩트다

회계에서 다뤄지는 '이익'은 사실상 그때그때 회계기준(會計基準)이나 경영자의 판단에 따라 어느 정도 조정이 가능하다. 그래서 **'이익은 의견이고 현금은 팩트다'**라는 말을 한다.

회계기준이란 쉽게 말해 결산서를 만드는 방법에 관한 규칙이다. 'One World One Rule(전 세계가 하나의 기준으로)'의 기치를 내걸고 국제회계기준이라는 형태로 전 세계가 회계기준을 통일하고자 하는 움직임은 있지만, 각국에는 자국의 회계기준이 따로 있다.

동일한 기업에서도 어떤 회계기준을 적용하느냐에 따라 '이익'의 금액이 달라진다.

이와 달리 재무에서 다루는 '현금'은 어떤 회계기준을 적용하더라도 잔액이 달라지지 않는다. **'현금은 팩트'**, **'현금은 거짓말을 하지 않는다'** 같은 말이 나온 이유다.

과거인가 미래인가

회계와 재무는 대상으로 삼는 '시간축'도 다르다.

회계는 어디까지나 **'과거'**의 실적을 다룬다. 결산서를 구성하는 재무상태표나 손익계산서, 현금흐름표의 숫자는 모두 과거의 것이다. 미래에 참고는 될지언정 미래를 약속해줄 수는 없다.

도무지 이해가 안 돼. 이익이 나는데 어째서 위험 상황?

이에 비해 재무는 '**미래**'의 숫자, 즉 기업이 앞으로 창출할 현금흐름(Cash Flow)을 다룬다. 현금흐름이란 기업 활동에 따라 생기는 돈의 흐름을 가리킨다.

최근 경영자에게 재무가 점점 중요해지는 까닭은 다름 아닌 '미래'에 초점을 맞추기 때문이다. 이는 결국 경영자가 늘 '현재'와 '미래'를 생각하며 압박감에 시달린다는 뜻이다.

경영자는 항상 '현재의 투자'와 '미래의 수익' 사이에서 균형을 맞추려고 노력한다. 투자 없이 미래의 수익을 바랄 수는 없기 때문이다. 미래를 위해 과도하게 투자하는 것도, 눈앞의 현금을 늘리기 위해 투자에 소홀해지는 것도 피해야 한다.

'이익'을 다룰지 '현금'을 다룰지, 그리고 시간축이 '과거'를 향할지 '미래'를 향할지 등 두 가지 시점의 차이가 곧 회계와 재무의 가장 큰 차이다.

재무상태표를 알아보자

결산서는 '재무 3표'라고 불리는 **재무상태표, 손익계산서, 현금흐름표**로 구성되는데, 우선 재무상태표부터 알아보자.

재무상태표는 영어로 밸런스시트(Balance Sheet)인데 줄여서 'BS'라고도 부른다. <도표 1>에서 보듯이 왼쪽은 '**자산**', 오른쪽 윗부분과 아랫부분은 각각 '**부채**', '**자본**' 영역이다. 참고로 좌우가 균형을 이룬다고 밸런스시트라고 부르는 건 아니다. 밸런스(Balance)에 잔액이라는 뜻도 있어 그대로 번역하면 '잔액표'라 할 수 있다.

<도표 1> 재무상태표 구조

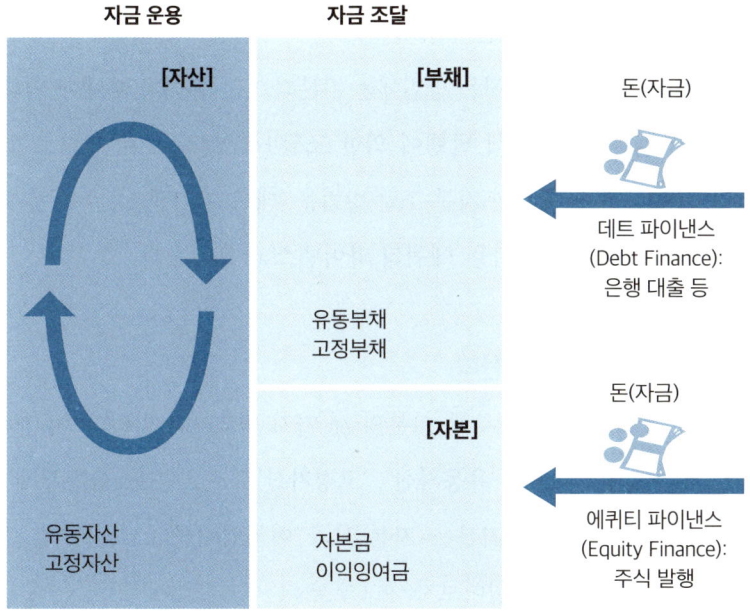

재무상태표는 기업에서 움직이는 자금의 '조달'과 '운용'을 나타낸다. 다시 말해 기업의 자금 조달 방식이 부채(이자를 지불해야 하는 유이자 부채에 의한 조달)의 형태인가 아니면 자본(주식 발행에 의한 조달)의 형태인가 등을 일목요연하게 보여준다.

부채나 자본의 형태로 자금(현금)을 조달해 왼쪽의 자산 영역에서 빙글빙글 돌려 수익을 창출해낸다.

매출이나 이익이 얼마나 되는지를 나타내는 손익계산서는 대충 이해할 수 있으나 재무상태표는 도무지 알쏭달쏭하다는 사람이 적지 않다. 재무상태표는 결산서 가운데 가장 중요하다. 기업이 어디에 자금을 쓰고 무엇 때문에 자금을 운용하는지 알기 위해서는 반드시 재무상태표를 살펴봐야 하기 때문이다.

기업이 자금을 조달하는 방법에는 기본적으로 '**유이자 부채에 의한 조달**(Debt, 데트)'과 '**주식 발행에 의한 조달**(Equity, 에쿼티)'이 있다고 했다. 유이자 부채에 의한 자본 조달 방법을 '**데트 파이낸스**', 주식 발행에 의한 자본 조달 방법을 '**에쿼티 파이낸스**'라고 부른다.

재무상태표를 분해한다

재무상태표는 자산, 부채, 자본의 세 가지 영역으로 나뉜다. 여기서 더 세분화하면 자산은 '**유동자산**', '**고정자산**'으로, 부채는 '**유동부채**', '**고정부채**'로, 그리고 자본은 '**자본금**'과 '**이익잉여금**'으로 나뉜다. 먼저 '유동자산'에 대해 알아보자(<도표 2> 참조).

유동자산은 '**1년 이내에 현금화할 수 있는 자산**'을 말한다. 구체적으로는 **현금·예금, 유가증권, 받을어음, 외상매출금, 재고자산**(재고) 등을 들 수 있다.

고정자산은 투자하고 나서 '**현금화하기까지 1년 이상 걸리는 자산**'을 가리킨다. 크게 나눠 **유형고정자산, 무형고정자산, 투자와 기타 자산** 등이 있다.

부채는 앞서 말했듯이 '유동부채'와 '고정부채'가 있다. 유동부채는 '**1년 이내에 상환해야 하는 부채**'를 가리킨다. 여기에는 지급어음이나 외상매입금, 단기차입금 등이 있다(<도표 3> 참조).

<도표 2> 재무상태표 자산 영역 항목

고정부채는 **'상환까지 1년 이상의 여유가 있는 부채'**로 장기차입금, 회사채 등이 있다.

자본 영역에는 '자본금'과 '이익잉여금'이 있다. 자본금은 기업이 처음 설립되었을 때 주주가 불입한 돈으로 상환할 필요가 없다. 이익잉여금은 기업이 1년 동안 벌어들인 이익에서 배당금을 지급하고 남은 돈이다.

<도표 3> 재무상태표 부채와 자본 영역 항목

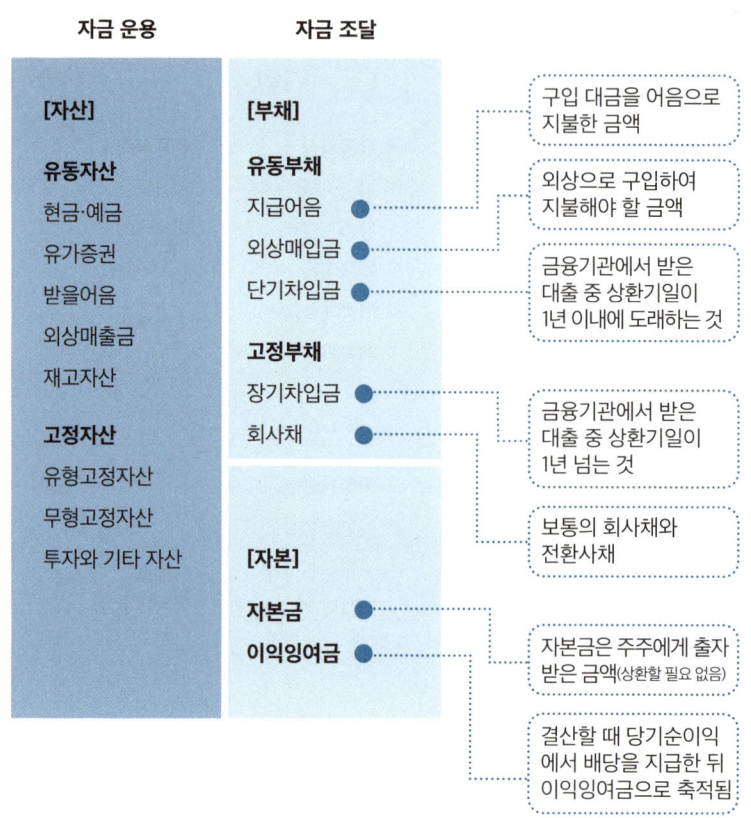

이익잉여금은 사용할 수 없다

 자본금이나 이익잉여금을 실제로 사용 가능한 돈으로 생각하는 사람이 있다. 앞서 살펴보았듯 재무상태표는 자금의 조달과 운용을 나타내는 표다. 오른쪽의 부채와 자본 영역은 어디까지나 자금을 어떻게 조달했는지를 보여준다. 즉 자본금이나 이익잉여금이 사용 가능한 돈으로 적혀 있는 게 아니라는 뜻이다. 회사가 조달한 자본금이나 이익잉여금은 자산 영역에서 외상매출금이나 재고자산 혹은 토지나 건물 같은 형태로 운용되고 있다. 자본금이 많든 적든 기업의 자금 융통에는 아무 역할을 하지 못한다.

그렇다면 사용 가능한 돈은 어디 있을까? 재무상태표의 유동자산 항목에서 **'현금·예금'**이다. 하지만 그 '현금·예금'의 잔액조차도 결산일 당일의 것일 뿐 현 상태의 실제 잔액을 나타내지는 않는다.

재무상태표는 결산일 당일의 한 단면을 잘라내어 보여주는 것으로, 기업 활동은 날마다 끊임없이 이루어지므로 시시각각 변화한다는 사실을 잊어서는 안 된다.

PL 경영에서 BS 경영으로

오늘날 기업을 둘러싼 환경은 기존의 PL 경영에서 BS 경영으로 옮겨가고 있다. PL은 'Profit and Loss Statement'의 머리글자에서 따온 말로 손익계산서를 뜻한다. 위에서 언급한 PL 경영이란 결국 손익계산서를 중시하여 '매출 증대', '비용 절감을 통한 이익 도모' 등 손익에만 치중하는 경영을 일컫는다.

올해 영업이익 규모를 작년 대비 두 배로 올렸다고 가정해보자. 손익만 따지는 PL 경영자라면 영업이익이 올랐으니 무조건 칭찬할 가능성이 높다. 그러나 BS, 즉 재무상태표를 중시하는 경영자는 대놓고 칭찬만 하지는 않는다.

영업이익이라는 '성과(Output)'에만 주목한 채 '성과'를 얻기 위해 어떠한 '투입(Input)'을 했는지는 빠져 있기 때문이다.

경영의 세계에서 '투입'은 바로 경영 자원(사람, 물건, 돈, 정보, 시간)을 가리킨다. 올해 경영 자원을 작년보다 열 배 투입했는데 영업이익은 고작 두 배 오르는 데 그쳤을 수도 있다.

손익계산서의 다섯 가지 이익

손익계산서는 재무상태표에 비해 구조가 매우 단순하다. 매출을 내기 위해 들였던 비용을 빼고 이익(혹은 손실)이 얼마인지 나타내기 때문이다.

이익은 **매출총이익, 영업이익, 기타영업외이익, 세전 당기순이익, 당기순이익** 등 다섯 가지로 분류된다(<도표 4> 참조).

우선 매출액이란 기업이 제공하는 제품이나 상품, 서비스의 판매액이다. 그리고 매출원가는 제조업체는 원재료비, 인건비, 기계설비의 감가상각비 등 제품을 생산하는 데 드는 제반 비용을 말하며, 소매업은 상품을 구입하는 데 드는 제반 비용을 말한다. 매출총이익은 매출액에서 매출원가를 뺀 금액인데, 일반적으로 **매출이익**이라고 부를 때가 많다. 매출총이익은 회사의 부가가치 창출력, 즉 회사가 상품이나 서비스에 부가가치를 더하는 힘이 얼마나 되는지 나타내는 수치라 할 수 있다.

매출총이익에서 판매비와 일반관리비를 뺀 것이 영업이익이다. '**판관비**'로 줄여 쓰기도 하는 판매비와 일반관리비는 인건비, 연구개발비, 광고·선전비 등 상품이나 서비스를 판매하기 위해 들어간 비용이나 관리와 영업 활동 등에 쓴 비용을 말한다. 다시 말해 영업이익은 '**기업의 주된 영업 활동을 통해 벌어들인 이익**'이라 할 수 있다.

영업 활동 이외의 수익에서 비용(이자 수입이나 지불 이자 등)을 뺀 것은 기타영업외이익이다. 즉 주된 영업 활동을 통해 벌어들인 이익 말고 재무 활동과 관련하여 생긴 수익과 비용도 고려하여 산출한다.

참고로 기타영업외이익은 미국이나 유럽의 회계기준에는 없는 개념이다. 일본이나 한국에서는 지급 이자를 차감하여 구한 기타영업외이

<도표 4> 손익계산서 구조

① 매출액	제품·상품·서비스의 판매액
② 매출원가	제품의 제조비용이나 상품의 구매비용
③ 매출총이익(매출이익) = ①-②	부가가치를 얼마만큼 더했는지를 나타내는 이익
④ 판매비와 일반관리비	판매 활동이나 관리 활동에 들인 비용
⑤ 영업이익 = ③-④	기업의 주된 영업 활동을 통해 발생한 이익
⑥ 영업외수익 [이자 수입, 수입배당금, 지분법(持分法)에 의한 투자이익 등]	영업 활동 이외 수익
⑦ 영업외비용(지급 이자 등)	영업 활동 이외 비용
⑧ 기타영업외이익 = ⑥-⑦	일상적인 영업 활동이나 재무 활동을 통해 발생한 이익
⑨ 특별이익	특별한 요인에 의해 발생한 이익
⑩ 특별손실	특별한 요인에 의해 발생한 손실
⑪ 세전 당기순이익 = ⑧+⑨-⑩	기업의 모든 활동을 통해 발생한 이익
⑫ 법인세 등	당기 소득에 대해 세법에 근거하여 계산된 세금
⑬ 당기순이익 = ⑪-⑫	세금을 공제한 뒤 최종적으로 남은 이익

익을 중요시한다. 여기에는 나름의 이유가 있다. 자금 조달 방법으로 대개 은행 대출을 이용하기 때문이다.

한편 특별이익이나 특별손실은 이름 그대로 특별한 사정 때문에 일시적으로 발생한 수익이나 손실을 나타낸다. 마지막으로 법인세를 빼고 남은 것이 바로 당기순이익이다.

영업 활동에 따른 현금흐름

<도표 5>는 현금흐름표(Statement of Cash Flow) 설명이다. 현금흐름표는 기업 내부에 어느 정도의 현금 수입과 지출이 있었는지를 일목요연하게 보여준다. 재무상태표에 나타난 1년 동안의 현금·예금의 증감을 알고 싶으면 현금흐름표를 보면 된다.

현금흐름표는 **'영업 활동에 따른 현금흐름'**, **'투자 활동에 따른 현금흐름'** 그리고 **'재무 활동에 따른 현금흐름'** 등 세 가지로 나뉜다.

'영업 활동에 따른 현금흐름'을 보면 기업의 현금 창출력이 어느 정도인지 알 수 있다. 상장 기업 중에는 손익계산서에서는 흑자인데도 '영업 활동에 따른 현금흐름'은 마이너스 지표를 나타내는 경우가 있다. 앞서 살펴본 것처럼 이익과 현금이 다르기 때문이다. 즉 매출이 올라 이익을 내고 있더라도 대금을 받지 못했다면 수중에 현금은 없다. 당연히 자금 융통에 문제가 생길 수밖에 없다.

투자 활동에 따른 현금흐름

'투자 활동에 따른 현금흐름'을 살펴보면 기업이 어디에 얼마를 투

<도표 5> 현금흐름표 구조와 개념

현금흐름표(억 엔)	
(1) 영업 활동에 따른 현금흐름	
1 세전 당기순이익	361
2 감가상각비	232
3 유가증권 매각손익(△은 이익)	△11
4 고정자산 매각손익(△은 이익)	0
5 매출채권의 증감액(△은 증가)	△65
6 재고자산의 증감액(△은 증가)	△50
7 매입채무의 증감액(△은 감소)	23
8 기타 자산, 부채 증감액	138
9 법인세 등의 지급액	△231
영업 활동에 따른 현금흐름	397 ①
(2) 투자 활동에 따른 현금흐름	
1 정기예금의 순 증감액(△은 증가)	96
2 고정자산 매각에 따른 수입	0
3 고정자산 취득에 따른 지출	△532
4 투자·유가증권 취득에 따른 지출	△42
5 투자·유가증권 매각에 따른 수입	17
투자 활동에 따른 현금흐름	△461 ②
(3) 재무 활동에 따른 현금흐름	
1 단기차입금의 순 감소액	△11
2 장기차입에 따른 수입	289
3 장기차입금 상환에 따른 지출	△21
4 배당금의 지급액	△50
재무 활동에 따른 현금흐름	207 ③
현금과 현금성 자산의 증감액	143 (=①+②+③)
현금과 현금성 자산의 기초 잔액	523
현금과 현금성 자산의 기말 잔액	666

- 기업이 어느 정도 현금 창출력을 지녔는지 알 수 있다.
- 현금흐름이 동업종 타사에 비해 높으면 경쟁력이 있다고 말한다(타사와 영업현금흐름 / 매출액이나 영업현금흐름 / 투하자본 등의 비율을 비교한다).
- 현금흐름이 마이너스라면 경영상 문제가 있을 수 있다(다만 사업 초기 단계라면 그렇지 않다).

- 어느 곳에 얼마만큼 투자했는지 알 수 있다.
- 감가상각비와 고정자산 취득에 따른 지출을 비교함으로써 설비투자에 얼마나 적극적인지 알 수 있다.
- 영업현금흐름과 균형을 맞추는 데 주의가 필요하다(잉여현금흐름이 2기 연속 마이너스는 주의 신호).

- 현금 상황이나 자금 조달 방법, 재무 정책을 파악할 수 있다.
- 플러스일 때는 필요 자금이 부족해 새로이 자금 조달한 사실을 알 수 있다.
- 마이너스일 때는 영업 활동을 통해 충분한 현금을 벌고 있으므로 유이자 부채의 탕감이나 배당·자사주 매입 등을 통해 주주의 권리를 찾은 것을 알 수 있다.

자했는지 일목요연하게 파악할 수 있다. '투자 활동에 따른 현금흐름'에 나타난 유형고정자산 취득을 위해 지출한 자금과 '영업 활동에 따른 현금흐름'에 나타난 감가상각비를 비교함으로써 기업이 설비투자에 얼마나 적극적인지 알 수 있기 때문이다. 성장기에 있는 기업은 설비 증강이 필요하므로 감가상각비보다 현금 지출 규모가 커지는 경향이 있다. 한편 성숙기에 접어든 기업은 지출액과 감가상각비가 동일 수준이거나 감가상각비의 비중이 점점 커진다.

그런데 투자 활동에 적극적이라고 해서 꼭 바람직하다고 볼 수는 없다.

영업 활동과 결부되지 않은 투자를 하기 전에는 꼭 그것이 과도한 투자는 아닌지 주의 깊게 살펴봐야 한다. 즉 양자의 현금흐름을 비교해 적절하게 균형을 맞춰야 한다. 투자 활동이란 기업에서 현금이 빠져나가는 것(cash out)이므로 '마이너스(△)' 표시를 앞에 붙인다. '영업 활동에 따른 현금흐름'은 기업이 건전하게 운영된다고 가정할 때 기업에 현금이 유입되는 것(cash in)이므로 '플러스(앞에 △를 붙이지 않음)'가 된다. 이 두 흐름이 모두 플러스라면 해당 기업은 영업 활동을 통해 투자 활동을 보충하고도 남을 만큼 충분한 현금을 벌고 있는 셈이다. 그러므로 유이자 부채를 탕감하거나 배당과 자사주 매입을 통해 주주의 권리를 찾을 수도 있다.

'영업 활동에 따른 현금흐름'과 '투자 활동에 따른 현금흐름'의 합계를 **'잉여현금흐름**[FCF, Free Cash Flow(간편법에 의한 회계 처리 규정)]'이라 한다. 사업 가치를 산정할 때 활용되는 미래현금흐름과는 의미가 좀 다른

데, 이에 관해서는 3장에서 자세히 다루겠다. 잉여현금흐름이 2기에 걸쳐 마이너스로 나타나면 매우 주의를 기울여야 한다. 영업 활동과는 무관하게 투자 활동이 이루어진다는 신호이기 때문이다.

재무 활동에 따른 현금흐름

'재무 활동에 따른 현금흐름'으로 기업의 영업 활동과 투자 활동에 따르는 현금 상황이나 자금 조달 방법 등을 파악할 수 있다. 바꿔 말하면 기업의 재무 전략을 한눈에 알 수 있다. 예를 들어 금융기관 같은 곳에서 대출을 받아 자금을 조달했는지 아니면 사채 발행 또는 주식 발행을 통해 자금을 조달했는지 파악할 수 있다. 자금을 조달한 경우 '플러스'로, 대출금 또는 사채를 상환하거나 배당금을 지급했을 때는 '마이너스(△)'로 표시된다.

2
가치경영으로 방향을 전환하라

◀ 오른쪽에서 왼쪽으로 읽어주세요.

회의실
B

사용 중

갑자기 회의실로 모이라니… 무슨 일이에요?

나도 무슨 일인지는 몰라요.

부서도 죄다 다르고… 도대체 뭐람?

가뜩이나 바쁜데….

다들 모였겠지?

덜컥

앗, 재무부 진나이 부장님?!

영업부 무라카미 노부히로

다들 놀랐겠지만 자네들은 모두 기업 구조조정을 위한 프로젝트 팀인 CFT 멤버로 선발 되었다.

구조조정은 조직 전반에 걸쳐 실행해야 하므로 주요 부서별로 인원을 뽑았다.

팀장? 어!?

그런데 어디로 이끌어야 한다고 생각하지?

아라시야마, 팀장이란 이끄는 사람이지.

팀장이 되었으니 과거가 아니라 미래를 내다보길 바라.

과거가 아니라 미래다.

…네!

너라면 할 수 있어.

기대하고 있겠네.

- 3년 후 115.76만 엔을 연이율 5%로 할인하면 100만 엔이 된다.
- 이때의 %를 '할인율'이라 하며 요구수익률과 같다.
- 할인율, 즉 요구수익률은 투자 대상에 대한 리스크의 크기에 따라 변동한다.

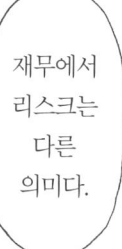
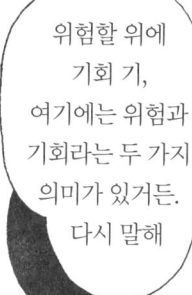

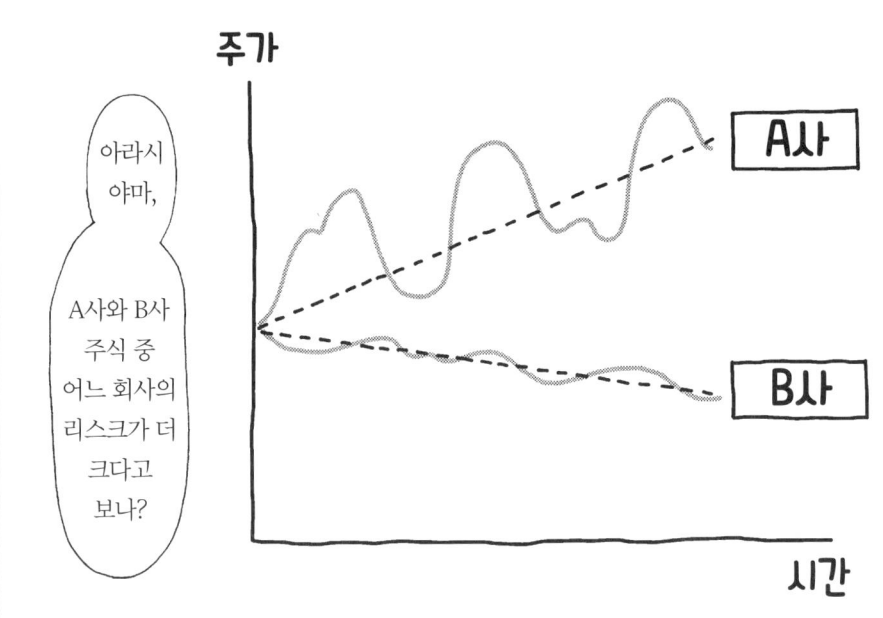

리스크가 크다고 느껴지는 경우
높은 수익률을 요구한다 (하이 리스크 하이 리턴 원칙)

대출 대상	요구하는 수익률	현재가치	1년 후 수익률
친구	1%	100만 엔 ▶	101만 엔
아는 사람	10%	100만 엔 ▶	110만 엔

1년 후에 같은 100만 엔이라도 친구한테 빌려준 100만 엔의 현재가치가 크다

대출 대상	요구하는 수익률	현재가치	1년 후 수익률
친구	1%	99만 엔 = $100 \times \frac{1}{1+1\%}$ ◀	100만 엔
아는 사람	10%	91만 엔 = $100 \times \frac{1}{1+10\%}$ ◀	100만 엔

CHECK POINT

리스크는 손실이 아니다

리스크의 본질을 알아보자

리스크에는 '**위험**'과 '**기회**'라는 두 가지 의미가 내포돼 있다. 주가가 하락할 가능성이 높다고 하여 리스크가 크다고 단언할 수는 없다. 주가 하락이 손실로 이어질 수도 있지만 오히려 주가가 틀림없이 하락한다면 돈을 벌 기회로 활용할 수도 있다. 그래서 리스크가 곧 손실을 뜻하지는 않는다.

'공매도(空賣渡, 특정 종목의 주가가 하락할 것으로 예상되면 해당 주식을 보유하고 있지 않은 상태에서 주식을 빌려 매도 주문을 내는 투자 전략)'를 예로 들어보자. 단 여기서는 간단히 설명하기 위해 수수료나 금리는 고려하지 않는다.

우선 주가가 500엔인 X사의 주식 1주를 증권회사에서 빌려 곧바로 매각하면 당신에게는 500엔의 현금이 들어온다. 이때 증권회사하고는

6개월 뒤 주식을 되돌려주기로 계약하고 6개월 뒤 주가가 300엔으로 하락하면 그 주식을 300엔에 다시 사서 증권회사에 돌려준다. 빌린 주식 1주를 500엔에 매각하고 나중에 300엔에 사서 돌려주었으므로 결국 200엔의 차액을 번 셈이다. 이처럼 주가가 하락한다는 사실을 미리 알면 '공매도'의 방법으로 확실히 돈을 벌 수 있다.

앞의 예처럼 주가 하락을 무조건 손실로만 여기거나 리스크로 규정짓는 것은 잘못이다. 오히려 주가가 어떻게 변할지 모르는 '불확실한 상태'야말로 리스크라 할 수 있다. 재무에서는 금융 자산의 가격 변동이 크면 클수록 (격차가 클수록) '리스크가 크다'고 생각한다. 즉 리스크의 본질은 **'미래 불확실성', '격차'에 있다.**

리턴과 이자와 수익률은 같은 것

재무에서 말하는 리턴은 **'수익률'**과 같은 의미로, 투자한 원금에 대해 1년 동안 돈이 얼마나 늘었는지 혹은 줄었는지를 비율로 나타낸 것이다.

예컨대 400엔으로 구입한 X사의 주식을 1년 뒤 600엔에 매각했다고 하자. 리턴은 얼마가 될까? 다만 1년 동안 배당은 없는 것으로 가정한다. 리턴은 아웃풋(산출)을 인풋(투입)으로 나눗셈하여 구한다.

여기서 아웃풋이란 투자 원금에서 증가하거나 감소한 금액이니 플러스 200엔(600엔 − 400엔)이다. 인풋은 투자금액이 얼마인지를 나타내므로 400엔이 된다.

따라서 리턴은 200 ÷ 400 × 100% = 50%가 된다.

손에 넣는 시기에 따라 돈의 가치가 달라진다

눈앞에 있는 100만 엔과 먼 훗날 100만 엔의 가치가 다르다는 것은 직감적으로도 이해할 수 있다.

500년 뒤 1억 엔을 받는다 하더라도 현재를 사는 우리에게는 아무 의미도, 가치도 없다. 이처럼 우리에게 돈의 가치는 수중에 들어오는 시기가 멀면 멀수록 작아지게 마련이다.

'**돈의 가치는 손에 넣는 시기에 따라 다르다**'는 명제는 재무 분야에서 중요한 개념이다. '**돈의 시간가치**'란 간단히 말해 '**오늘의 1억 엔이 내일의 1억 엔보다 가치가 있다**'는 의미다.

미래가치와 현재가치

'돈의 가치'에는 '**미래가치**'와 '**현재가치**'가 있다. 두 가치와 깊이 관련된 것이 복리계산이다. 복리계산은 이자 계산법의 하나로, 이자를 매년 정산받지 않고 원금과 함께 운용하는 방식이다. '**이자가 이자를 낳는다**'는 말은 바로 복리계산법을 일컫는다.

미래가치는 지금 돈을 복리로 운용했을 경우 장차 어느 정도의 가치로 바뀔지를 가늠하는 예상 가치다. 예를 들어 지금 100만 엔을 연리 10%로 3년간 운용했을 때의 미래가치는 다음과 같다.

100만 엔 × (1 + 10%) × (1 + 10%) × (1 + 10%)

   = 100만 엔 × (1 + 10%)^3

   = 133만 엔

위 식에서 (1 + 10%) 안에 든 '1'은 원금을 나타낸다. '1'을 넣지 않으면 이자액 10만 엔만 계산되고 만다. 3년 동안 운용하기에 (1 + 10%)를 세 번 곱한다. <도표 6>은 돈의 미래가치 계산식이다.

<도표 6> 미래가치 계산식

$$\text{미래가치} = CF \times (1 + r)^n$$

CF: 원금   r: 이율   n: 연수(햇수)

이제 돈의 현재가치를 알아보자.

현금을 받는다면 가급적 빨리 받는 편이 이자를 벌 수 있으므로 득이 된다. 반대로 현금을 지급할 경우 가급적 늦게 주는 편이 득이 된다. 이처럼 돈에는 **시간가치**가 있으므로 시간대가 다른 현금을 비교할 때 시간가치를 고려해야 한다. 미래의 현금이 현재의 얼마에 해당하는지 계산하려면 이율로 나누면 된다.

앞에서 든 예로 설명하자면 지금의 100만 엔에 1.1(=1 + 10%)을 곱하여 1년 후의 미래가치 110만 엔을 구할 수 있다. 1년 후 110만 엔의 현재가치는 위 계산 과정을 거꾸로 하면 얻어진다. 계산 과정을 말로 표현하면 '1년 후의 현금을 할인율 10%를 적용하여 현재가치로 할인했다'가 된다.

반대로 현재가치에서 미래가치를 구할 때의 이율을 **요구(기대)수익률**이라고 한다. 얼핏 보면 혼동하기 쉽지만 미래가치와 현재가치를 환산하는 이율 표현의 방식이 다를 뿐, **요구수익률과 할인율은 같은 개념**이다.

기대수익률과 요구수익률은 거의 동일한 의미로 여기서는 요구수익률로 통일해 표기한다. 미래가치, 현재가치, 할인율은 재무에서 매우 중요한 개념이므로 다시 한 번 복습해보자.

현재가치에 (1 + 요구수익률)을 곱하면 미래가치가 된다. 미래가치를 (1 + 할인율)로 나누면 현재가치가 구해진다. 물론 여기서 요구수익률은 곧 할인율이다. 5년 후의 돈을 현재가치로 할인하면 (1 + 할인율)이 (1 + 할인율)^{5}으로 바뀌는 것에 주의해야 한다.

<도표 7> 현재가치 계산식

$$현재가치 = CF_n \times \frac{1}{(1+r)^n}$$

CF_n을 $(1+r)^n$으로 나눈다

CF_n: n 시점의 원금   r: 이율   n: 연수(햇수)

할인율의 본질

현 시점에서 판단할 때 미래의 현금흐름에는 불확실성이 존재하게 마련이다. 다시 말해 리스크가 있다는 말이다. 이러한 불확실성의 정도가 할인율에 반영된다.

친구에게 100만 엔을 빌려준다고 가정했을 때 몇 퍼센트의 이자를 받아야 할까? 그냥 아는 사람에게 빌려준다면 어떻게 될까? 친구한테 적용하는 이율보다는 높게 책정할 것이다. 어째서 그럴까? 빌려준 돈을 돌려받을 확실성의 차이(불확실성의 차이) 때문이다.

재무에서 매우 중요시하는 **'하이 리스크 하이 리턴 원칙'** 의 개념이 여기에 숨어 있다. **리스크가 큰 곳에 투자했으니 그만큼 많은 리턴을 요구하는 것이 당연한 이치**다. 다시 말해 리스크가 크면 클수록 요구수익률(=할인율)은 높아지고, 리스크가 작으면 작을수록 요구수익률(=할인율)은 낮아지게 마련이다. 이처럼 리스크의 정도를 할인율에 반영시킨다.

리스크가 있는 경우 하이 리스크 하이 리턴의 원칙이 적용됨으로써 요구수익률, 즉 할인율이 높아지므로 현재가치를 따져보면 가치의 감소폭이 커진다. 이러한 가치 판단을 투자 분석이나 기업 가치 평가에 대입시켜 생각해야 한다.

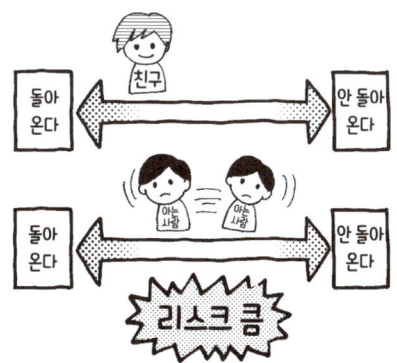

3
현금 확보가 시급하다!

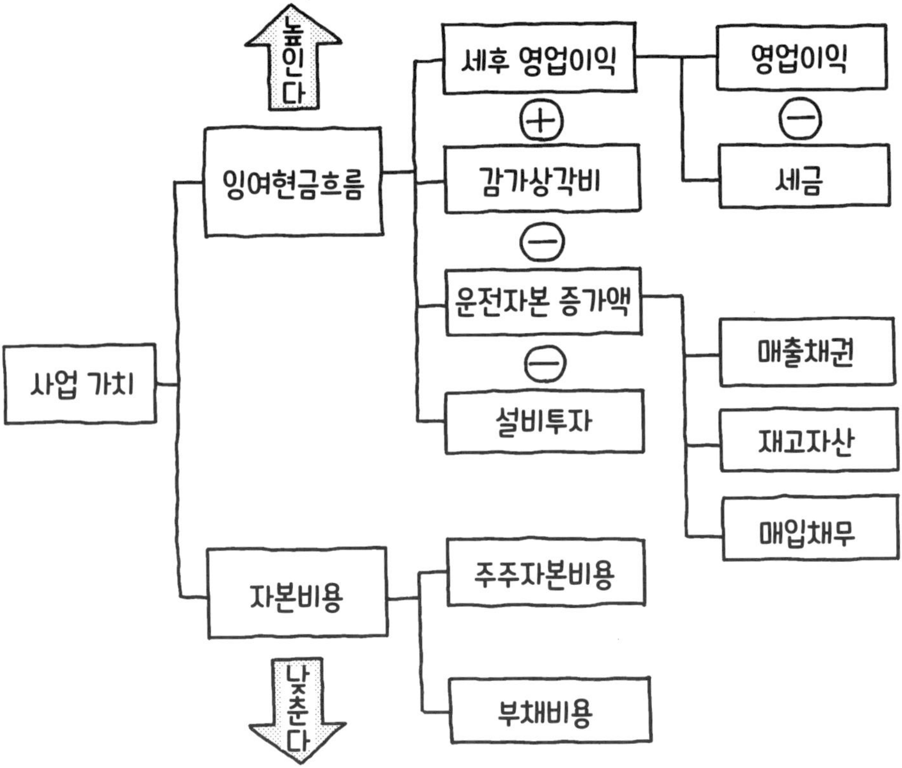

```
                    ↑
                   높인다
                              ┌─ 세후 영업이익 ─┬─ 영업이익
                              │        ⊕      ⊖
          ┌─ 잉여현금흐름 ─┤       감가상각비    세금
          │                   │        ⊖
          │                   ├─ 운전자본 증가액 ─┬─ 매출채권
사업 가치 ─┤                   │        ⊖        ├─ 재고자산
          │                   └─ 설비투자        └─ 매입채무
          │
          └─ 자본비용 ─┬─ 주주자본비용
                      │
                   ↓ └─ 부채비용
                  낮춘다
```

말씀 중에 감가상각비와 운전자본이 좀 어려운데요.

거기에서 사업을 영속하는 데 필요한 운전자본의 증가액과 설비투자를 뺀 것이다.

잉여현금흐름은 세후 영업이익에 감가상각비를 더하고

세후 영업이익
＋
감가상각비
－
(운전자본 ＋ 설비투자)
＝
잉여현금흐름

아라시야마, 도대체 아는 게 뭐냐?

죄, 죄송합니다.

단위: 만 엔

감가상각비 없음	× 1기	× 2기	× 3기
매출	3,000	3,000	3,000
설비투자	△ 3,000	0	0
이익(CF)	0	3,000	3,000
감가상각비 있음			
매출	3,000	3,000	3,000
감가상각비	△ 1,000	△ 1,000	△ 1,000
이익	2,000	2,000	2,000
이익에서 CF 정산			
이익	2,000	2,000	2,000
감가상각비	1,000	1,000	1,000
설비투자	△ 3,000		
CF	0	3,000	3,000

어떤 기업이 설비를 3천만 엔 들여서 구입했다고 치자.

이 설비의 이용 가능 연수는 3년, 다시 말해 3년이 지나면 사용할 수 없으니 폐기 처분해야 해.

3년 후에 폐기

30,000,000

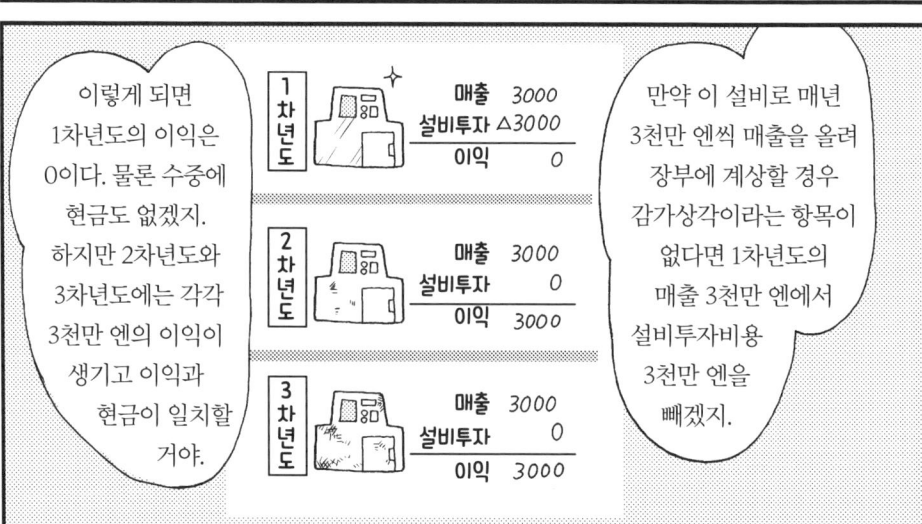

만약 이 설비로 매년 3천만 엔씩 매출을 올려 장부에 계상할 경우 감가상각이라는 항목이 없다면 1차년도의 매출 3천만 엔에서 설비투자비용 3천만 엔을 빼겠지.

1차년도 매출 3000 / 설비투자 △3000 / 이익 0

2차년도 매출 3000 / 설비투자 0 / 이익 3000

3차년도 매출 3000 / 설비투자 0 / 이익 3000

이렇게 되면 1차년도의 이익은 0이다. 물론 수중에 현금도 없겠지. 하지만 2차년도와 3차년도에는 각각 3천만 엔의 이익이 생기고 이익과 현금이 일치할 거야.

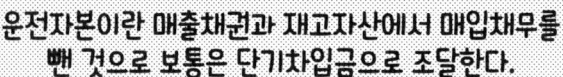

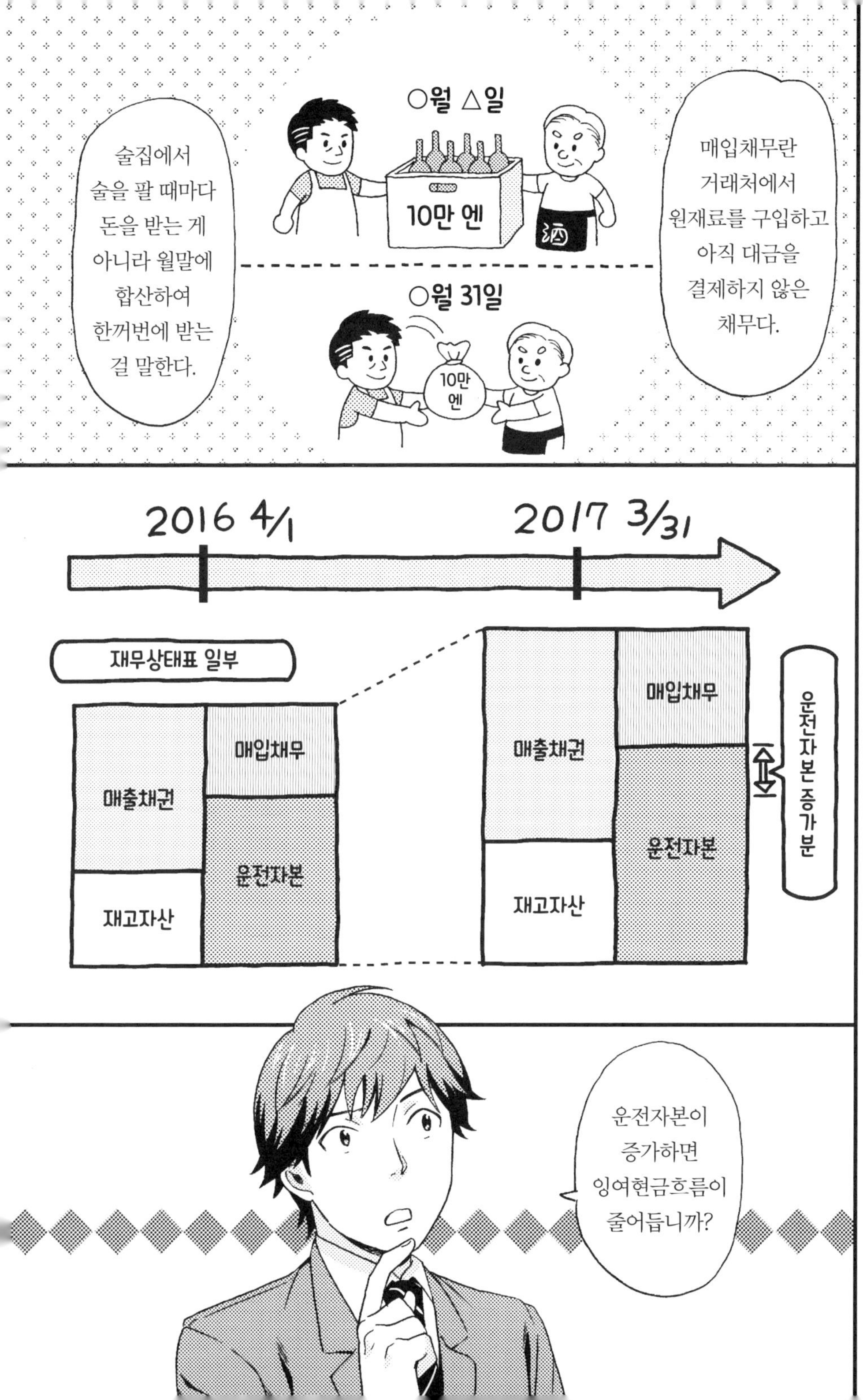

술집에서 술을 팔 때마다 돈을 받는 게 아니라 월말에 합산하여 한꺼번에 받는 걸 말한다.

○월 △일
10만 엔

○월 31일
10만 엔

매입채무란 거래처에서 원재료를 구입하고 아직 대금을 결제하지 않은 채무다.

2016 4/1 → 2017 3/31

재무상태표 일부

매출채권 | 매입채무
재고자산 | 운전자본

매출채권 | 매입채무
재고자산 | 운전자본

운전자본 증가분

운전자본이 증가하면 잉여현금흐름이 줄어듭니까?

구도, 도대체 무슨 말이야?
그래요,
하나씩 하나씩이요! 하나하나 요소를 분해해가는 거예요. 분석이란 나누어가는 거라고 배웠거든요.
이를테면 매출을 늘리려 한들 행동으로 나서기가 막막하지 않나요?
가격×수량=매출
가격
가격
가격
가격
가격
가격
가격
매출
매출을 요소로 분해하면 가격×수량 이죠?
가격을 올리는 행동은 무엇인가?
문제 발생
분해
가격을 올리려면
수량을 늘리려면
수량을 늘리는 행동은 무엇인가? 이런 식으로 접근하면 논의가 더 쉬워지지 않을까요?
가격을 올린다고!?
팍
뭐야, 무슨 일들이야? 밖에서도 들린다고.
부장님!

CHECK POINT

기업 가치는
두 가지로 나뉜다

기업 가치는 무엇인가

　기업 가치는 자금 제공자(채권자와 주주)를 기준으로 삼는다. 다시 말해 기업 가치는 **채권자 가치**(유이자 부채)와 **주주 가치**로 나뉜다. 기업의 유이자 부채를 채권자 가치라 하는 까닭은 은행 등 채권자 입장에서 볼 때 유이자 부채는 대출금으로 재무상태표의 자산 영역에 계상되기 때문이다.

　기업 가치는 또한 **사업 가치**와 **비사업 자산 가치**로 나뉜다. 사업 가치는 기업이 앞으로 창출할 잉여현금흐름(FCF)의 현재가치를 모두 합산한 것이다. 비사업 자산이란 유휴지나 투자 목적의 유가증권 등 사업과는 직접적인 관련이 없는 자산을 일컫는다.

　현재가치를 산정할 때 적용하는 할인율은 기업의 자금 조달비용인

<도표 8> 기업 가치를 구성하는 것

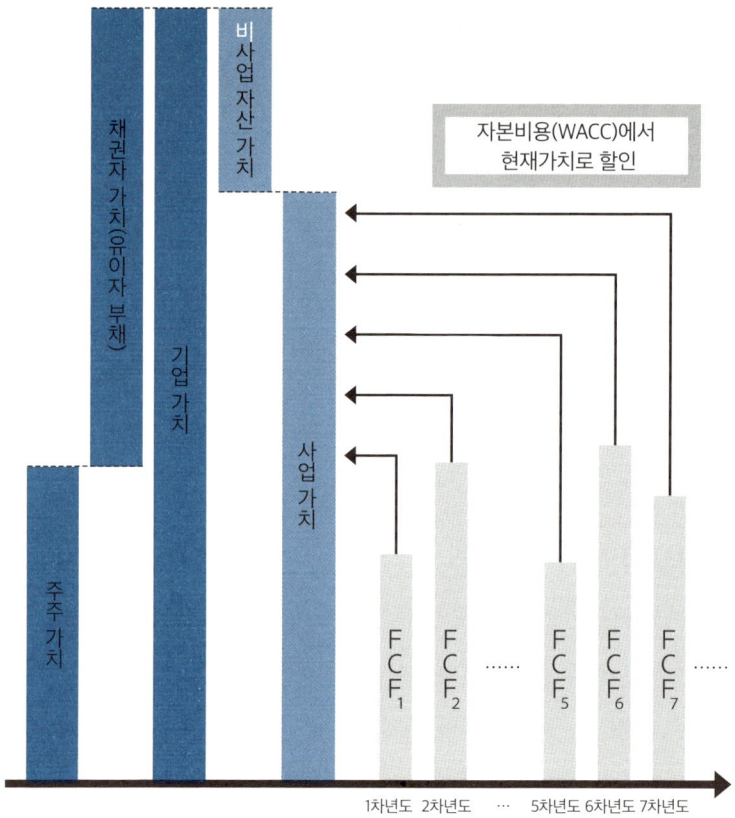

가중평균자본비용(WACC, Weighted Average Cost of Capital)이다. 이는 자금 제공자(채권자와 주주)의 요구수익률을 말한다. 여기서도 할인율과 요구수익률은 표리일체의 관계에 있다(WACC에 관해서는 6장에도 나온다).

사업 가치를 높이려면 잉여현금흐름을 늘리거나 할인율인 자본비용을 낮춰야 한다. 자본비용을 낮추는 구체적인 방법은 4장에서 다루겠다.

잉여현금흐름은 무엇인가

잉여현금흐름을 간편하게 구하려면 현금흐름표에 있는 '영업 활동에 따른 현금흐름'과 '투자 활동에 따른 현금흐름'을 더하면 된다. 그러나 사업 가치를 산정할 때 쓰이는 잉여현금흐름의 정의는 다음과 같이 달라진다.

잉여현금흐름의 잉여에 해당하는 영어 '프리(free)'는 **'자금 제공자가 자유롭게 사용할 수 있는 현금'**이라는 뜻이다.

잉여현금흐름
= 영업이익 - 세금 + 감가상각비 - 설비투자 - 운전자본 증가액

우선 기업의 주된 영업 활동으로 발생한 이익을 나타내는 영업이익부터 살펴보자. 영업이익에서 세금을 공제한 세후 영업이익은 분명 '이익'이기는 해도 '현금'은 아니다. 이것이 현금이 되려면 두 가지 조정 과정을 거쳐야 한다.

그중 한 가지가 감가상각비와 설비투자 조정이다.

감가상각비는 설비투자를 하고 나서 그 설비의 일반적인 사용기간을 나누어 산출한 비용이다. 따라서 해당 기간에 비용으로 계상

돼 있더라도 실제로 현금이 지불된 것은 아니다. 영업이익을 산출할 때는 이미 비용으로 공제돼 있는 상태이므로 다시 더해놓고 나중에 실제로 현금을 지불한 시점에서 투자금액을 뺌으로써 이익과 현금의 차이를 없앤다.

다소 어려울 수 있으므로 앞부분 만화에서 다룬 내용을 예로 들어 다시 한 번 살펴보겠다.

어떤 기업이 설비를 3천만 엔에 구입했다고 치자. 설비의 이용 가능 연수는 3년이고, 이 설비를 3년간 사용하며 해마다 3천만 엔의 매출을 올렸다. 첫해의 매출 3천만 엔에서 설비투자비로 쓰인 3천만 엔을 빼야 하므로 이익은 제로다. 두 번째와 세 번째 연도에는 3천만 엔의 이익이 생긴다. 이 경우 이익과 수중에 있는 현금이 딱 맞아떨어진다.

그런데 여기서 세무서가 등장한다. "당신네 회사는 3년 동안 같은 설비를 사용하고 같은 사업을 하며 매출 역시 3년 동안 같은데도 왜 이익이 들쭉날쭉 일정치 않습니까?"라고 묻는다. 세무서의 속내는 '첫해부터 이익이 없으면 세금을 부과할 수 없지 않은가' 하는 것이다. 이 때문에 '기계설비는 자산으로 재무상태표에 계상하고 기계설비는 사용

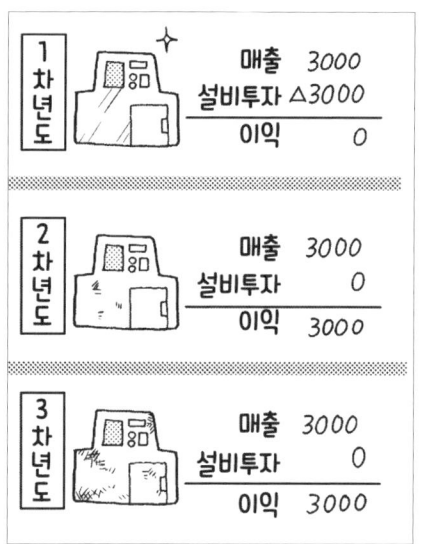

하면 할수록 가치가 감소하므로 사용기간 내내 일정 시점마다 감가상각비로서 비용을 계상한다'는 규칙이 만들어졌다. 이 규칙에 따라 기업은 매년 1천만 엔씩 감가상각비로 비용을 계상하게 된다. 그 결과 매년 이익은 2천만 엔으로 평준화되고 세무서는 다행히도(?) 첫해부터 세금을 부과할 수 있게 된다.

한편 감가상각비라는 회계 규칙의 도입으로 이익과 수중의 현금이 일치하지 않자 이익에서 현금흐름(수중의 돈)으로 변환하기 위한 조정 작업이 필요해진다. 영업이익은 감가상각비 1천만 엔만큼 작아졌으므로 영업이익에 감가상각비 1천만 엔을 오히려 다시 더한다. 여기에 첫해의 기계설비 대금 3천만 엔을 뺀다. 이로써 감가상각이라는 회계 규칙이 없었던 경우와 동일하게 이익과 수중의 돈이 일치한다.

이처럼 현금 기준으로 생각하기 위해서는 영업이익에 감가상각비와 설비투자의 조정이 필요하다.

운전자본이란 무엇인가

잉여현금흐름표에서 주의해야 할 나머지 한 가지는 운전자본의 증가분을 빼야 하는 것이다. 제조업을 예로 들 경우 기업 활동이란 구매한 원재료를 가동해 제품을 생산, 판매해 현금을 수중에 넣기까지의 과정이다.

일례로 자동차를 보면, 자동차를 만들기 위해 우선 철강 등 원재료를 구매한다. 구매 후 대금을 지불하기까지는 **'매입채무'**로서 재무상태표에 계상된다. 즉 거래처에서 원재료를 구입하고 아직 대금을 결제하지

않은 채무다. 술집에서 도매상의 술을 미리 받고 월말에 결제하는 것과도 같다.

한편 원재료, 반제품, 완성된 자동차는 판매가 이루어지기까지 '**재고(재고자산)**'로 재무상태표에 계상된다. 그러다가 판매점에 진열된

<도표 9> 운전자본

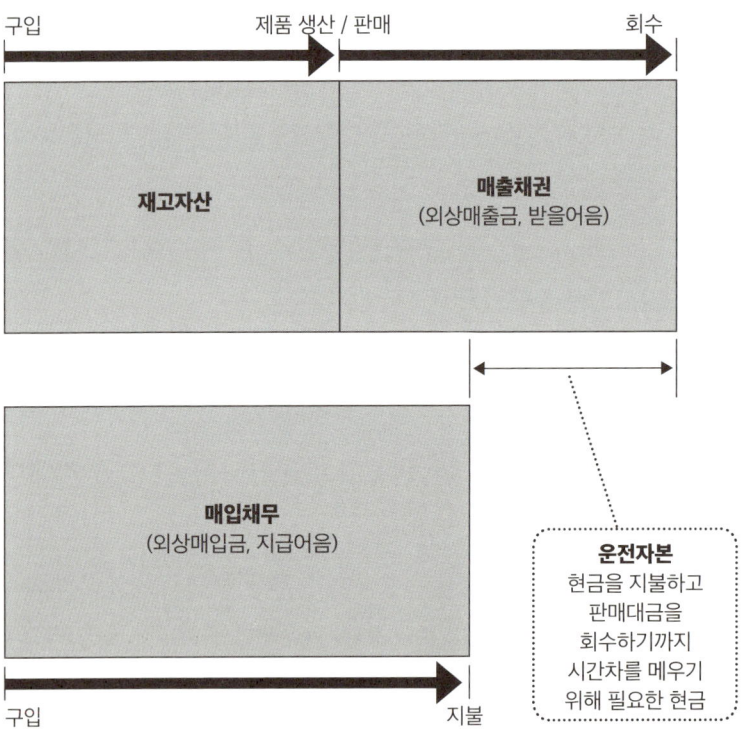

자동차가 팔려 고객과 계약서를 쓰고 납품까지 마치면 자동차 한 대의 판매가 이루어진다. 다만 고객에게 대금을 완납받기까지는 **'매출채권'**으로 남는다.

<도표 9>에서 보듯이 원재료를 구입하고 자동차가 만들어지기까지(구입에서 생산)는 시간이 걸린다. 또 매장에 전시 후 고객에게 대금을 받기까지도 시간(판매에서 회수)이 걸린다. 설령 외상으로 원재료를 구매했다 하더라도 원재료 구입대금 지불이 먼저고 판매대금 회수는 나중인 게 일반적이다. 이처럼 지불과 자금 회수가 이루어지기까지의 시간차를 메우기 위한 현금이 **운전자본**이다. 운전자본은 늘거나 줄기도 하지만 늘어나는 경우 그것을 충당할 만한 현금이 추가로 필요해진다. 그러므로 잉여현금흐름을 구할 때는 운전자본의 증가액(=추가로 필요해진 현금)을 빼야 한다.

4
현금을 어떻게 창출할까?

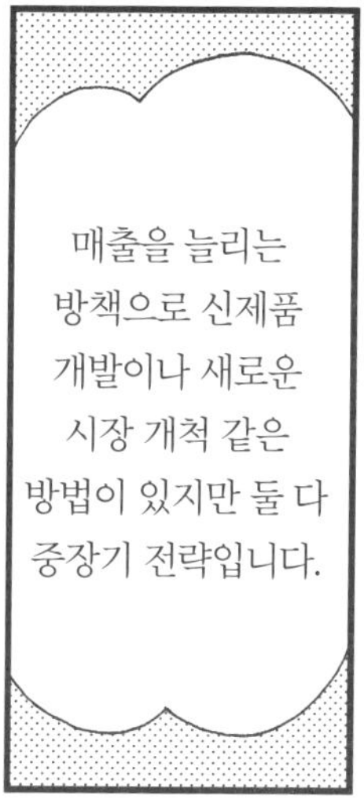

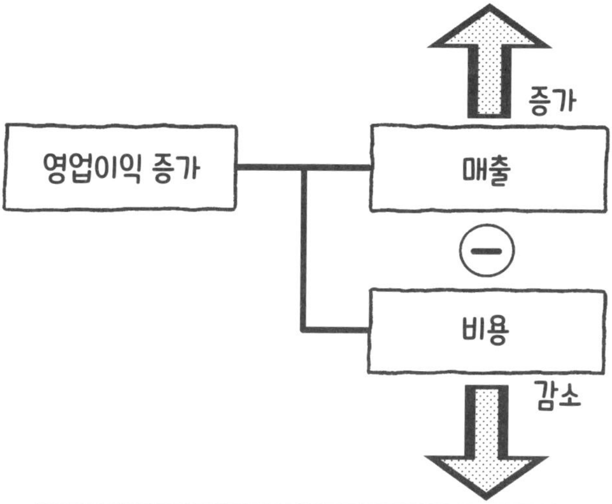

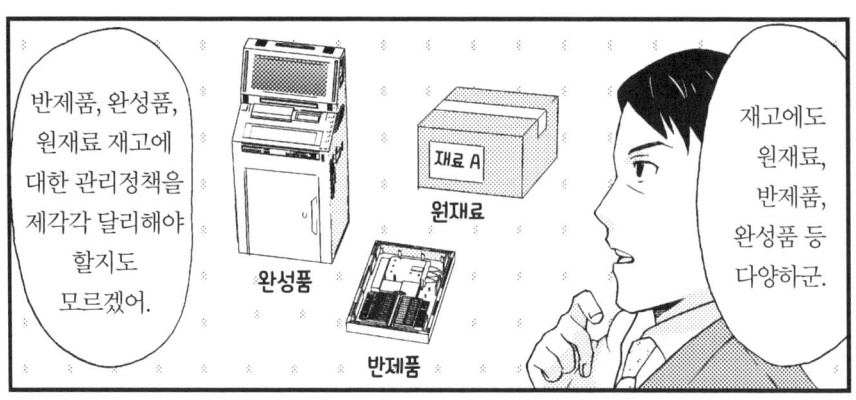

CHECK POINT

현금을
창출하는 방법

손익계산서 접근은 매출을 늘리거나 비용을 삭감해 이익을 증가시키는 방식이다. 우선 매출을 늘리는 방법부터 생각해보자. 매출을 늘리려면 두말할 필요 없이 많이 팔거나 가격을 올려야 한다.

영업이익을 늘린다

영업 부문에서는 대체로 가격을 낮춰 판매수량을 늘리는 정책을 펴려고 한다. 그러나 이런 방법은 오히려 독이 되어 돌아올 수도 있다. 매출은 늘더라도 이익이 대폭 감소하는 경우가 다반사이기 때문이다. 구체적인 수치를 인용하여 가격이 매출총이익에 어떤 영향을 미치는지 살펴보자(<도표 10> 참조).

현재 제품 가격이 1천 엔, 제품의 개당 재료비가 750엔이라고 하면

<도표 10> 판매가격 시뮬레이션

시나리오	현 상태	케이스A	케이스B	케이스C
판매가격(엔) ①	1,000	1,030	850	850
가격 증가율		+3%	△15%	△15%
재료비(엔) ②	750	750	750	750
중간이익(엔) ①-②	250	280	100	100
수량(개) ③	100	90	120	250
매출(엔) ①×③=④	100,000	92,700	102,000	212,500
매출원가(엔) ②×③=⑤	75,000	67,500	90,000	187,500
매출총이익(엔) ④-⑤	25,000	25,200	12,000	25,000

중간이윤은 250엔이다. 판매수량이 100개라면 어떨까?

매출액은 10만 엔(=1천 엔×100개), 매출원가는 7만 5천 엔(=750엔×100개), 매출총이익은 2만 5천 엔이다.

잠정적으로 판매가격을 3% 올려 1,030엔이 되었다고 가정해보자(케이스A). 이때 판매수량이 10% 줄어 90개가 되더라도 매출총이익은 2만 5,200엔이니 이전보다 조금 늘어난다. 그런데 영업 부문이 다음과 같은 제안을 했다고 가정해보자. "15% 할인해주면 판매수량을 120개(현재보다 20% 증가)로 늘리겠습니다."

실제로 시뮬레이션해보니 분명 매출액은 10만 2천 엔이 되어 이전보다 증가했다(케이스B). 그런데 매출총이익은 1만 2천 엔으로 반이나 줄었다. 그렇다면 15% 할인으로 이전의 매출총이익 2만 5천 엔을 유지하려면 얼마나 팔아야 할까? 계산해보니 250개, 즉 2.5배나 더 판매해야 비로소 이전의 매출총이익 2만 5천 엔을 확보할 수 있다(케이스C). 가격할인이 이익에 얼마나 막대한 영향을 미치는지 알 수 있다.

이와 같이 어떤 변수를 바꾸고 결과(여기서는 매출총이익)를 살피는 것을 **감도분석**이라 한다. 감도분석을 하면 미래의 손익을 시뮬레이션할 수 있다.

판매가격은 판매수량에 미치는 영향을 최소화하면서 올려야 한다. 가격정책을 고객별로 책정하는 게 포인트다. 이른바 '파레토 법칙'을 적용시킨다. '파레토 법칙'은 '80:20의 법칙'이라고도 불리는데, 고객을 수익별로 분류하면 고객의 20%가 이익의 80%를 차지하는 경향이 있다는 것이다.

따라서 자사 입장에서 중요한 20%의 고객과는 한층 더 관계성을 강화하고 그 외 고객에게는 할인판매를 중단하고 방문횟수를 줄이는 등 서비스 수준을 낮추는 식으로 영업 활동을 바꿔야 한다.

그러기 위해서는 우선 매출, 매출총이익, 신용도 등에 걸맞게 가격이 설정되어 있는지 실제 상황을 파악해야 한다. 또 만화에서 무라카미가 제안했듯이 비슷한 제품의 할인율을 달리해 가격을 조정하는 방법이 있다. 그리고 패키지로 판매되던 것을 따로따로 분리하여 제각각 가격을 책정해 전체적으로 가격을 올려 매출을 늘릴 수도 있다.

비용을 줄이는 두 가지 방법

기업이 외부에서 조달하는 원재료나 부품, 그리고 서비스의 대가로 지불하는 비용도 결코 작은 규모가 아니다. 이러한 비용을 삭감하면 단기적으로 현금을 창출하는 데 매우 효과적이다.

한때 닛산자동차에서도 리바이벌 플랜(1999년 10월 닛산자동차의 카를로스 곤 사장이 발표한 구조조정 계획_옮긴이)이라 하여 구조조정을 단행했는데 가장 중요한 정책 중 하나가 글로벌 구매, 생산, 판매·일반관리비 등 세 분야에서 1조 엔의 비용 삭감이었다.

비용 삭감 방법에는 **서플라이어 매니지먼트**(Supplier Management, 공급자에게 어떤 정책을 펼치는가)와 **유저 매니지먼트**(User Management, 자사 내에서 어떤 정책을 펼치는가)의 두 가지가 있다.

서플라이어 매니지먼트는 서플라이어(공급사)를 줄이거나 늘리기 혹은 거래조건 변경을 교섭하는 일이다. 유저 매니지먼트도 소홀히 해서는 안 된다. 사내 사용 물품 중 불필요하게 사양이 높은 것을 찾아내 대체품으로 변경하고, 발주량·발주 빈도를 재검토하고, 발주 창구를 일원화하여 비용을 삭감할 수 있다.

조달 전략은 어떻게 세울까

생산과 관련된 자재의 조달은 고품질 부품과 범용 자재 등으로 구별할 수 있다. 고품질 부품은 기업의 제품 품질을 좌우하므로 '싼 게 비지떡'이라는 결과로 이어지게 해서는 안 된다. 닛산자동차에서는 **QCDDM, 즉 품질, 비용 경쟁력, 개발력, 납기 엄수, 경영력**의 관점에서 공급자를 구분지어 기준에 합치되는 공급자에게 전략 공급자라는 지위를 부여했다. 이런 식으로 공급자의 수를 반으로 줄여 집중적으로 구매함으로써 비용을 삭감했다.

 범용 자재라면 국내뿐만 아니라 해외로까지 조달처를 확대하여 경쟁 입찰을 붙이는 방법을 검토해볼 수 있다.

판매비와 일반관리비를 줄인다

 비용을 삭감할 때 우선적으로 살펴봐야 하는 항목이 **간접비용**이다. 간접비용은 제조 관련 비용(매출원가) 이외의 판매비 및 일반관리비다. 예를 들어 판매수수료나 광고선전비, 물류비가 포함된다. 참고로 간접비용과는 달리 상품 제조 관련 비용은 **직접비용**이다.

 직접비용 삭감은 일반적으로 구매 부문에서 지속적으로 목표를 정해놓고 실행한다.

 간접비용을 다루는 곳은 관리 부문이다. 일반적으로 관리 부문은 일회성의 비용 삭감이나 복수의 견적을 받는 정도일 뿐 비용 삭감을 주 업무로 삼지는 않는다.

 비용 삭감 전문 컨설팅회사(주식회사 프롤레드 파트너스)를 운영하는 사타니 씨는 이렇게 말한다.

 "원재료비의 비용 삭감을 담당하는 구매 부문과 판매비의 비용 삭감을 담당하는 관리 부문을 비교할 때 비용 삭감에 대한 인식 차이를 확인하는 아주 간단한 방법이 있습니다. 구매 부문 담당자에게 자사의 원재료비 단가나 경쟁사가 구입하는 원재료비의 단가를 물어보고, 관리 부문 담당자에게는 자사의 택배 단가, 청소비의 단가를 물어보세요. 구매 부문 담당자는 대부분 아무것도 보지 않고 곧바로 대답하지만 관리 부문 담당자는 거의 대답하지 못합니다."

실정이 이러니 간접비용에서도 삭감할 부분이 많을 것이다. 구체적인 정책을 생각해서 실행해야 한다.

다만 동일한 판매비라도 연구개발비나 광고선전·판촉비는 신중하게 접근해야 한다. '공격 지향적 비용'을 줄이면 눈앞의 영업이익은 늘어날지 모르나 장래의 영업이익이 잠식될 수 있기 때문이다. 이러한 비용은 일반적으로 **미래 투자**로 생각한다. 연구개발비나 광고선전·판촉비는 금액을 떠나 매출액에 대한 비율을 동업종 타사와 비교해 적정 수준인지 판단하는 것도 매우 중요하다.

운전자본을 관리한다

잉여현금흐름을 늘리려면 운전자본 관리에 만전을 기해야 한다. 다시 말해 매출채권이나 재고를 없애기 위해 힘쓰는 한편 매입채무는 오히려 늘려야 한다.

닛산자동차에서도 운전자본의 관리는 철저하게 했다.

예를 들어 매출채권을 최대한 정리하기 위해 자동차 판매대금을 조기 회수하는 데 힘을 쏟았다. 그래서 영업담당자 교육·연수 실시, 판매회사별로 판매대금 회수기간 파악 등 서둘러 현금을 회수하기 위한 노력을 게을리 하지 않았다.

일반적으로는 거래처와의 역학관계도 작용하겠지만 교섭을 통해 회수기간을 앞당기거나 청구서 마감일을 월 1회에서 2회로 늘리거나 신용 리스크가 큰 거래처와의 거래조건을 재조정하는 방법을 쓸 수 있다. 또 지연되는 외상매출금은 회수를 위해 더욱 만전의 노력을 기울여야 한다.

닛산자동차에서는 재고를 최소화하기 위해 원재료 조달에서 고객에게 상품을 제공하기까지 일련의 흐름을 최적화하는 수법으로 **공급연쇄관리**(Supply Chain Management)를 도입하였다. 특히 해상 재고, 즉 선박 위에 실린 재고를 줄이는 데 온 힘을 기울였다. 일본에서 제조하여 미국에 판매하는 경우 생산 거점을 미국이나 미국 인접국으로 옮겨 일본에서 미국까지 배로 운송하는 시간을 단축했다.

이처럼 수주에서 판매에 이르기까지의 시간을 단축해 재고 삭감 목표를 달성했다. 또한 설계 자체를 재검토하고 자동차의 부품 수를 줄이거나 부품의 통일화도 도모했다.

잉여현금흐름을 증가시키기 위해 공급자에게 지불할 대금의 지급기일을 늦추기도 하는데 그럴 경우 매입채무는 당연히 증가하게 된다. 분명 자금 운용에는 도움이 되겠지만 그에 앞서 항상 조기 결제에 따른 할인과 같은 이점을 비교해봐야 한다. 그 메커니즘을 한번 알아보자.

공급자의 결제기간을 길게 잡는 것은 현금흐름 측면(자금 운용)에서는 플러스 효과가 있다. 그러나 공급자 입장에서는 판매대금의 회수기간이 길어지므로 매출채권 증가, 나아가서는 운전자본의 증가를 의미한다. 운전자본은 일반적으로 단기차입금으로 조달하므로 공급자의 차입이자 부담이 늘어난다. 그래서 공급자는 그 이자를 부품이나 원재료 가격에 더할 가능성이 있다.

이처럼 잉여현금흐름을 증가시키기 위해 공급자에 대한 지불조건을 길게 잡는 것은 결과적으로 부품이나 원재료 구입 가격을 상승시키는 부작용을 낳을 수 있다. 외상매입금이나 지급어음 같은 매입채무는 거래처에서 돈을 빌리는 것과 마찬가지라는 인식이 필요하다.

운전자본의 관리는 뒷전

앞서 설명했듯이 기업 가치를 향상시키기 위해서는 운전자본의 관리가 매우 중요한데도 기업 내부에서는 뒷전으로 밀리는 경우가 허다하다. 그 이유는 뭘까?

<도표 11>은 제조업의 사업 활동을 간단하게 표현한 것이다. 구매 부문은 원재료를 구입하고 제조 부문은 제품을 생산하고 영업 부문이 그 제품을 판매한다. 제조업은 이러한 비즈니스 과정을 되풀이한다.

그렇다면 경영자가 각 부문에 요구하는 것은 무엇일까? 영업 부문에는 매출이나 영업이익 증가를 가장 바랄 테고 매출대금 회수기간의 단축화 등을 그다음으로 바란다. 제조 부문에는 가동률 상승과 비용 절감을 최우선으로 요구한다. 구매 부문에는 원재료 구입가의 절감을 요구할 테고 이를 위해 대량구매로 할인을 받으려고 적정 재고 수준 따위는 안중에 없을지도 모른다.

이처럼 어느 부문이든 운전자본의 관리에 무관심해지게 마련이다. 즉 세상에는 오로지 손익계산서만 보는 경영자가 여전히 많다는 것을

<도표 11> 부문별 운전자본 관리

구입 → 생산 → 판매

관련 부문	구매	제조	영업
구체적 행동 (매출·이익 개선)	원재료 구입가 절감	가동률 상승, 비용 절감	매출 영업이익 상승
구체적 행동 (운전자본 관리)	지급기간· 재고 수준 적정화	재고 수준 적정화	매출대금 회수기간 단축

의미한다.

"매출을 올려라, 비용을 삭감하고 이익을 올려라."

이런 말만 되풀이하는 경영자는 운전자본의 중요성을 전혀 알지 못하는 것이다. 운전자본은 재무상태표 항목이기 때문이다.

또 재고 삭감은 말이 쉽지 특정 한 부분만 신경 써서는 되지 않는다. 예를 들어 제조 부문이 재고를 줄이려고 해도 영업 부문은 판매 기회를 잃는 것을 싫어하여 되도록 재고를 많이 보유하려고 한다. 구매 부문은 앞에서 말했듯이 비용 삭감을 위해 적정 재고는 아랑곳하지 않고 대량구매에 뛰어들지도 모른다.

재고 삭감을 위해서는 회사에서 우선순위를 정하고, 이에 따라 판매 계획, 생산 계획, 구매 계획을 연계해야 한다.

그렇지만 현실적으로는 영업담당이사, 제조담당이사, 구매담당이사들이 제각각 부문별 이해관계에 몰두한 나머지 부분 최적화에만 집중하기 쉽다.

전사를 아우르며 기능 중심으로 바라볼 수 있는 CFO(최고재무책임자)가 제 역할을 다해야만 한다. 운전자본의 관리는 본문에서 살펴본 젠테크 직원들의 활동처럼 부분 최적화가 아닌 **전체 최적화**의 관점에서 접근해야 하기 때문이다.

5

부서 갈등, 전쟁의 시작

* Asset Restructuring: 비사업 자산 가치인 직원 휴양소, 상호주 등을 정리하는 것.

제3자에게 매각(sale)한 뒤 우리가 매달 임차료 (lease back)를 내고 계속 사용할 수도 있지.

아니라고는 장담 못 하지. 세일 앤드 리스 백 이라고.

그렇다면 이 건물에서 나가야 하는 겁니까?

그 정도로 우리 회사 사정이 녹록지 않다는 거지.

그건 그렇고...

예.

그렇다. 아라시야마, 경리부에서 회사 자산 목록을 가져와서 사업 자산과 비사업 자산으로 분류해놓게.

그러면 자사 건물을 매각한 현금이 수중에 들어오는 건가요?

임차료
건물주
건물을 판 돈

이제부터 각 부서 사람들에게 설명하러 다녀야 한다. 상당한 반발이 예상되지만 지금처럼 열심히 해주기 바란다.

여러분은 이 짧은 시간에 기대 이상의 성과를 냈다.

> 그래, 사례로 특수 나사를 제조 판매하는 회사를 들어보자.

> 변동비와 고정비였지요.

> 재료비는 개당 30엔 생산수량에 관계없이 인건비나 기타 제조경비로 1년 동안 2만 2천 엔이 든다고 가정하자구. 개당 100엔이고 1년 동안 300개 팔린다고 할 때 이익은 어떻게 될까?

생산수량과 손익과의 관계

생산수량을 늘리면 개당 제조 고정비가 작아지면서 결과적으로 매출총이익이 늘어난다.

	케이스 I	케이스 II	케이스 III
생산수량(개)	300	400	600
판매수량(개)	300	300	300
매출(엔)	30,000	30,000	30,000
재료비(엔)	△ 9,000	△ 9,000	△ 9,000
기타 제조경비 (엔)	△ 22,000 (=△22,000/300×300)	△ 16,500 (=△22,000/400×300)	△ 11,000 (=△22,000/600×300)
매출총이익(엔)	△ 1,000	4,500	10,000
재고(엔)	0	8,500 (=(30+22,000/400)×100)	20,000 (=(30+22,000/600)×300)

> 그렇다. 고정비 부분 2만 2천 엔의 비중이 줄면서 개당 비용이 낮아지기 때문이지.

> 같은 양을 파는데 생산수량이 많아질수록 이익이 늘다니…

> 믿을 수가 없어!

이 재고가 팔리지 않는다면, 생각만 해도 오싹 해지네요!

이익이 나는 한편 재고는 계속 쌓인다.

회계 규칙상 비용은 판매했을 때 계상되므로 이런 일이 벌어지는 거다.

걱정 마십시오. 그 일에 대해 말씀 드리러 왔으니까요.

그렇지. 기타 제조경비 2만 2천 엔은 사실 현금 지불돼 버렸으니까.

이제 도무지 어떡해야 할지?

참으로 놀랍군…. 부끄럽지만 생산수량의 변화가 이익에 이렇게 영향을 미치는 줄 처음 알았네.

…
우리는 지금 타이태닉호 위에 있다구요. 이 순간에도 계속 배가 가라앉고 있는데 서로 하고 싶은 말만 해서는 안 되는 거 아닌가요?
…
아, 알겠다고.
칫
협력은 하겠지만 더 이상 인원을 빼주지는 않을 거네!
알겠습니다.
이게 계획서이고…
내용은….
…!!
…!!
아라시야마, 상황이 어찌 돌아가고 있나?
현재까지는 순조롭습니다. 최우선 목표가 하나 정해지면 우리 팀은 못하는 게 없는 것 같아요.
덜컥
진나이 부장 계시오?

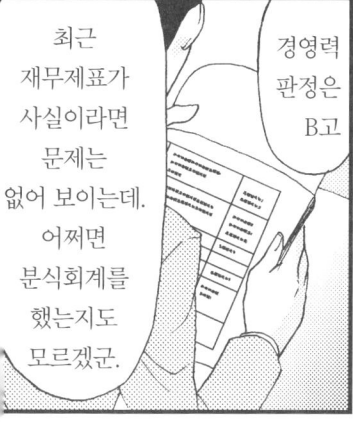

CHECK POINT

비사업 자산을 현금으로 전환하다

현금이 되는 것은 다 팔라구!

기업 구조조정을 할 때 업무 개선만으로 현금흐름을 창출하기는 어렵다. 이때 필요한 것이 **애셋 리스트럭처링**(자산 구조조정)이다.

애셋 리스트럭처링

애셋 리스트럭처링을 할 때는 사업의 잉여현금흐름 증가에 충분히 기여하지 않는 비사업 자산(유휴자산)을 철저하게 파악하여 현금으로 전환하는 것이 중요하다.

닛산자동차의 리바이벌 플랜에서는 다음과 같은 정책을 발표하고 시행하였다.

닛산은 현재 1,394개 사의 주식을 보유하고 있는데 비용 대비 효과의 관점에서 매각할 곳은 매각하여 현금화를 꾀한다. 나아가 토지, 주식 및 비핵심 자산을 3년에 걸쳐 처분하고 재고 삭감 계획에 따라 현재 매출에 대한 재고 비율을 30%로 감축한다.

젠테크는 이 정도까지는 아니지만 닛산자동차는 공장 등 비사업 자산을 통폐합하였다.

자산을 매각할 때는 장부가액보다 시가가 낮을 경우 매각 손실이 발생한다. 그러나 단지 회계상 손실일 뿐 실제로 현금이 유출되는 것은 아니다. 자산 매각에 따른 현금이 유이자 부채를 줄이는 결과로 이어진다면 채권자나 주주를 비롯한 이해관계자들도 상황을 납득한다. 이익이 아닌 **어디까지나 현금흐름으로 자산 매각의 옳고 그름을 따져봐야 한다**는 뜻이다.

자산을 매각할 때 중요한 기준 가운데 하나가 **리턴 온 마켓 밸류**(ROMV)다. 해당 자산을 지금 매각할 경우의 가격(시가, 마켓 밸류)과 그 자산을 계속 보유할 경우 얻어지는 잉여현금흐름의 현재가치를 비교하여 매각의 판단 근거로 삼는 개념이다.

닛산자동차의 리바이벌 플랜에서는 비핵심 자산을 매각하여 2년간 총 5,300억 엔 이상의 현금을 창출했다.

매각을 통해 얻은 현금으로 자동차사업의 유이자 부채를 크게 줄이고, 여기서 한 걸음 더 나아가 남은 자금을 핵심사업인 자동차사업을 육성하는 데 썼다.

전체 원가계산과 직접 원가계산

원가계산에는 제조업에 적용되는 '**전체 원가계산**'과 상업·서비스업에 적용되는 '**직접 원가계산**'이 있다. 매출원가 안에는 크게 나누어 세 가지 제조비용이 포함돼 있는데 원재료비, 인건비, 기타 경비(감가상각비 등)다.

전체 원가계산은 각 제품에 개당 고정비를 할당하여 제품별로 원가를 계산하는 방법이다. 결산서를 만드는 규칙으로, 제도적으로 규정된 계산법이다. 전체 원가계산을 하면 매출액이 변하지 않더라도 생산수량에 따라 이익이 변할 때가 있다.

진나이 부장이 사용한 예를 적용하여 여기서 한 번 더 살펴보자.

진나이 부장은 제조비용에는 원재료비 등 생산수량에 비례하는 **변동비**와 인건비, 기계설비 같은 감가상각비처럼 생산수량에 비례하지 않는 **고정비**가 있다는 아주 중요한 말을 했다.

만화에서 사용한 예는 특수한 나사를 제조 판매하는 회사였다. 재료비는 1개 30엔, 생산수량에 상관없이 인건비나 기타 경비로 1년간 2만 2천 엔이 든다. 1개당 100엔이고, 1년간 300개 팔린다고 가정할 때 생산수량에 따라 매출총이익이 어떻게 변할지 살펴보자. 여기서는 1개 30엔의 재료비가 변동비, 몇 개를 만들든 바뀌지 않는 인건비나 기타 경비 2만 2천 엔이 고정비다. 만화에서도 구도와 다바타가 놀랐듯이 매출액은 변하지 않는데도 생산수량을 늘리면 매출총이익이 늘어났다. 전체 원가계산 아래서는 제조 고정비 2만 2천 엔은 생산한 제품 모두에 고루 분산되게 마련이다. 그러므로 생산수량이 늘면 늘수록 개당 제조 고정비는 작아진다. 예를 들어 케이스Ⅰ에서는 개당 기타 제조경비는 약 73엔(=22,000/300)이었지만 케이스Ⅱ에서는 55엔(=22,000/400)으로 낮아진다(<도표 12> 참조).

그런데 제조원가로 손익계산서에 계상하는 것은 판매수량 300개에 대응하는 금액(9천 엔)뿐이다. 이렇게 기타 제조경비가 낮아지기 때문에 결과적으로 매출총이익이 늘어나는 것이다.

그러나 재고가 늘어날 수 있어 주의가 필요하다. 또한 케이스Ⅲ에서 생산수량 600개는 기타 제조경비가 1만 1천 엔밖에 들지 않은 것처럼 보이지만 현금 기준으로 환산하면 2만 2천 엔은 현금으로 나갔으므로 자금 운용 측면에서 바람직하지 않다.

이제 동일한 예를 적용하여 상업·서비스업에 적용되는 '직접 원가계산' 방식으로 매출총이익을 계산해보자. 직접 원가계산의 경우(<도표 13>) 기타 제조경비 2만 2천 엔의 고정비는 생산한 제품에 고루 할당되지 않고 모두 비용 계상되므로 생산수량에 관계없이 매출총이익은 바뀌지 않는다.

지금까지 살펴보았듯이 제조업에서 손익계산서상 매출원가는 전체 원가계산 방식으로 작성하는 것이 원칙이다. 그래서 제조 고정비의 비중이 작아지도록 과잉생산을 유도하는 요인이 되는 문제점이 생긴다.

<도표 12> 전체 원가계산과 손익과의 관계

전체 원가계산은 생산수량을 늘리면 개당 제조 고정비가 작아지면서 결과적으로 매출총이익이 늘어난다.

	케이스 I	케이스 II	케이스 III
생산수량(개)	300	400	600
판매수량(개)	300	300	300
매출(엔)	30,000	30,000	30,000
재료비(엔)	△9,000※	△9,000※	△9,000※
기타 제조경비(엔)	△22,000※ (△22,000/300×300)	△16,500※ (△22,000/400×300)	△11,000※ (△22,000/600×300)
매출총이익(엔)	△1,000	4,500	10,000
재고(엔)	0	8,500 (=(30+22,000/400)×100)	20,000 (=(30+22,000/600)×300)

※ 판매한 300개 분량의 비용은 계상

<도표 13> 직접 원가계산과 손익과의 관계

직접 원가계산은 생산수량에 관계없이 이번 회기에 든 제조 고정비(2만 2천 엔)가 비용계상되므로 어느 케이스에도 매출총이익은 △1천 엔이다.

	케이스 I	케이스 II	케이스 III
생산수량(개)	300	400	600
판매수량(개)	300	300	300
매출(엔)	30,000	30,000	30,000
재료비(엔)	△9,000	△9,000	△9,000
기타 제조경비(엔)	△22,000※	△22,000※	△22,000※
매출총이익(엔)	△1,000	△1,000	△1,000
재고(엔)	0	3,000 (=30×100)	9,000 (=30×300)

※ 생산수량에 관계없이 전액 계상

6

투자를 할 것인가, 말 것인가?

회수기간법의 문제점

- 돈의 시간가치를 무시한다.

- 프로젝트 전체의 위험 요인을 무시한다.

- 회수기간 이후 현금흐름의 가치를 무시한다.

- 회수기간의 기준이 모호하다.

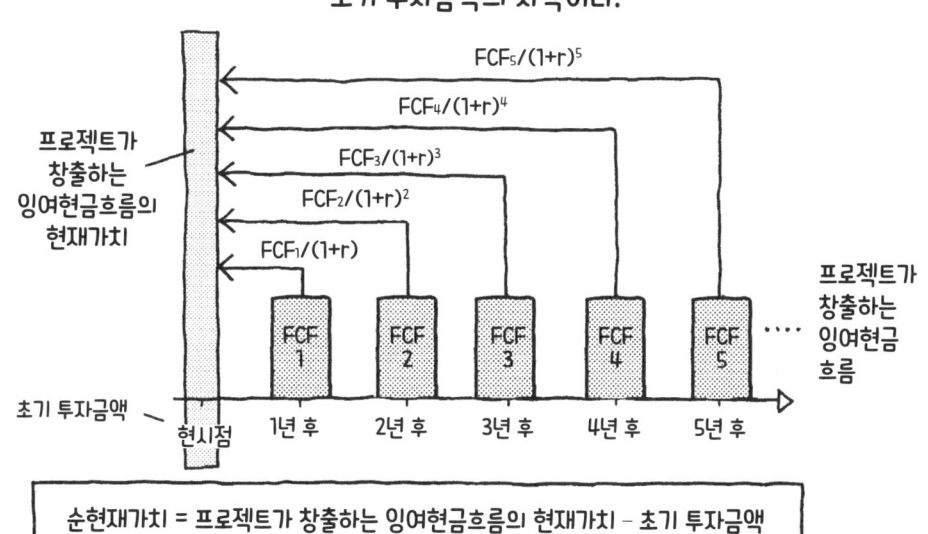

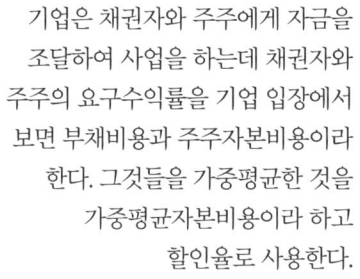

기업 가치란 사업(프로젝트)의 순현재가치 합계

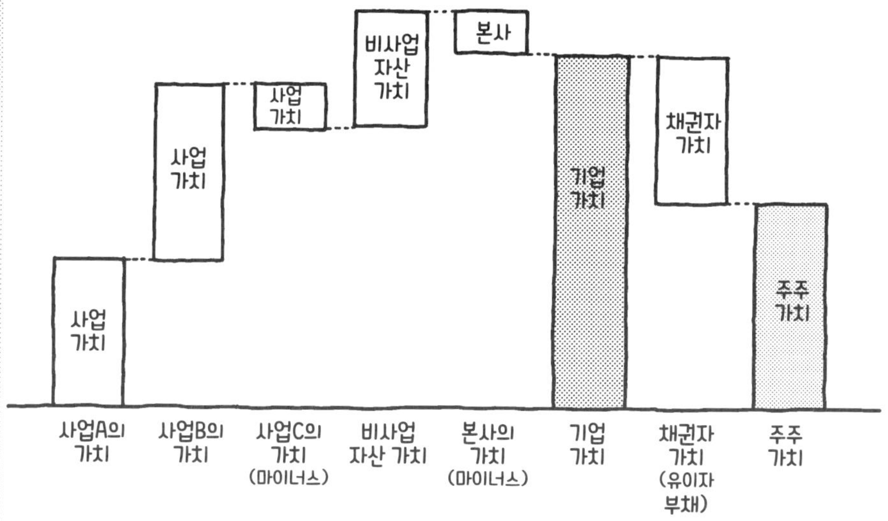

막대그래프:
- 사업A의 가치
- 사업B의 가치
- 사업C의 가치 (마이너스)
- 비사업 자산 가치
- 본사의 가치 (마이너스)
- 기업 가치
- 채권자 가치 (유이자 부채)
- 주주 가치

기업 가치를 높이려면 각 프로젝트의 투자 판단이 중요

기업 가치는 기업 내에서 실행되는 여러 가지 사업 활동의 사업 가치(순현재가치)를 합계한 것이다.

사업C처럼 마이너스인 경우도 있군요.

사업 계획을 세웠을 때의 순현재가치는 당연히 플러스였을 거야. 그런데 실제로 뚜껑을 열어보니 사업 환경의 변화 등으로 계획대로 안 되는 경우도 있겠지.

- 경쟁자의 등장
- 기자재의 고장
- 재료비 상승
- 예상 밖의 비용
- 스케줄 지연

이와 같은 잉여현금 흐름을 창출하는 프로젝트가 있다고 치자.

프로젝트A IRR=23.4%

단위 : 만 엔

날짜	2017년 1월 1일	2017년 12월 31일	2018년 12월 31일	2019년 12월 31일
프로젝트A FCF	△1,000	500	500	500

사실은 23.4%의 계좌에 돈을 맡기더라도 이 프로젝트와 같은 양의 잉여현금흐름을 만들어낼 수 있다.

이 프로젝트의 IRR은 23.4%다.

이율=23.4%의 예금 계좌

단위 : 만 엔

연도	① 예금 잔액 (1월 1일)	② 이자 (①×23.4%)	③ 인출 금액	예금 잔액 (12월 31일) (①+②+③)
2017년	1,000	234	△500	734
2018년	734	172	△500	405
2019년	405	95	△500	0

이 말은 곧 500만 엔의 현금을 수중에 넣는다는 것이지. 잔액은 734만 엔이지만 여기에 이듬해 다시 23.4%의 이자가 붙지. 3년 동안 500만 엔을 찾으면 계좌 잔액은 제로가 된다.

예를 들어 2017년 1월 1일 은행에 1천만 엔을 맡긴다면 12월 말일에 이자 234만 엔이 붙고 그날 찾을 수 있는 돈은 500만 엔이다.

공격적 투자의 판단 기준

CHECK POINT

언제 투자하는가

투자를 하지 않고는 기업 가치를 높일 수 없다. 현재의 투자가 기업의 미래를 좌우한다고 해도 과언이 아니다. 투자 판단을 결정하는 과정을 세 단계로 요약하면 다음과 같다.

① 프로젝트를 통해 창출되는 현금흐름 예측
② 투자 판단 지표 계산
③ 계산 결과와 채택 기준 비교, 충족되면 투자, 아니면 투자 유보

하지만 이는 어디까지나 정량(定量)적 판단이므로 주의가 필요하다. 모든 것을 현금흐름의 예측에만 초점을 맞춰야 하는 것은 아니다.

<도표 14> 투자 판단 결정 과정

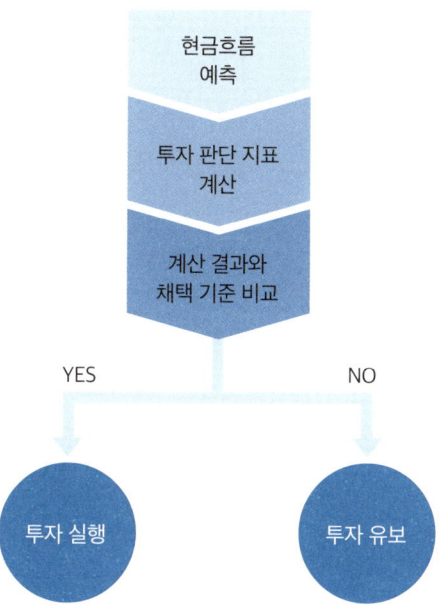

예를 들면 기술상의 제반 문제, 지역사회나 환경, 조직관리, 법률 혹은 경영자의 사상 등 정량화가 어려운 정성(定性)적인 부분도 고려하여 종합적으로 판단한다.

순현재가치(NPV)법

프로젝트에 투자하는 것은 '프로젝트가 창출할 잉여현금흐름을 구매하는 것'과 같다. 구매 당시 미래 잉여현금흐름의 현재가치보다 낮은 가격에 구입할 수 있다면 '좋은 구매'다.

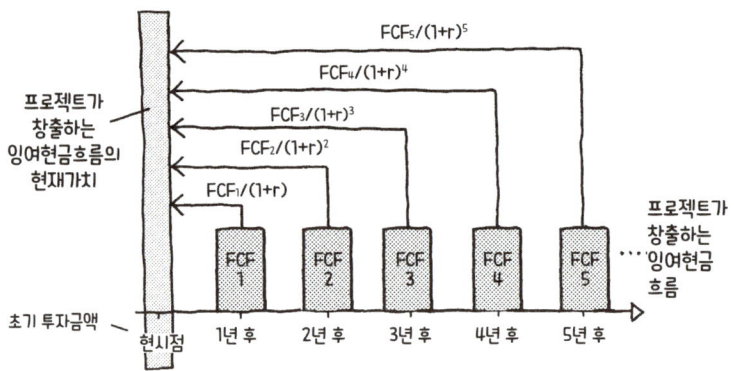

프로젝트가 장차 창출할 잉여현금흐름의 현재가치에서 초기 투자금액을 뺀 것이 순현재가치(NPV, Net Present Value)다. 순현재가치가 플러스라면 '투자 실행'을, 마이너스라면 '투자 유보'를 결정한다.

할인율은 WACC 사용

순현재가치를 구할 때 미래 잉여현금흐름을 현재가치로 할인한다고 했는데 이때 무엇을 할인율로 사용할까?

결론부터 말하자면 기업의 자금 조달비용인 **가중평균자본비용**(WACC, Weighted Average Cost of Capital)으로 할인한다. 가중평균자본비용은 말 그대로 **부채비용과 주주자본비용을 가중평균한 자본비용**이다.

기업은 채권자와 주주에게 자금을 조달 받아 사업 활동을 한다. 당연한 말이겠지만 이렇게 외부에서 자금을 조달하면 그에 상응하는 비용이 발생한다. 채권자는 융자의 대가로 이자 지급을 요구한다. 기업 입장에서 이것은 비용이고, 이러한 채권자의 요구수익률을 '**부채비용**(Cost of Debt)'이라 한다. 즉 경영자가 은행 등을 통해 대출 받은 경우 혹은 사채를 발행하는 경우 지급 이자가 몇 %가 되는지를 나타낸 수치다.

또 주주의 요구수익률은 '**주주자본비용**(Cost of Equity)'이라 한다. 주주에게는 수익률(리턴)이 된다. 이 기업에 투자하면 이 정도의 리턴은 받아야겠다는 요구사항인 셈이다.

부채비용은 수치로 확실하게 드러나니까 알기 쉽지만 주주자본비용은 주주에 따라 느끼는 위험도가 제각각 다르므로 수치로 추정할 필요가 있다. 예를 들어 어떤 주주는 '이 기업은 별로 위험하지 않으니 이 정도의 낮은 리턴도 괜찮아'라고 생각하는 반면, 또 다른 주주는 '이 기업은 장래 실적이 불안정하니 아무리 양보하더라도 최소한 이 정도 수준의 높은 리턴이 필요해'라고 생각할지도 모른다.

주주의 요구수익률을 추정할 때는 이처럼 여러 가지 사항을 반영시킨다. 주주자본비용을 추정하는 방법이 몇 가지 있지만 **CAPM**(Capital Asset Pricing Model)이라는 이론이 가장 많이 사용된다.

참고로 CAPM을 개발한 미국의 윌리엄 F. 샤프는 이 업적을 높게 평가받아 1990년 노벨경제학상을 수상했다.

할인율의 적정 범위

투자 여부를 판단하는 데 사용되는 할인율을 설정할 때는 매우 주의가 필요하다. 앞서 언급했듯이 최소한 주주와 채권자가 요구하는 수익률(기업 입장에서는 자본비용) 이상으로 정해야 한다.

그러나 동일 기업 내 프로젝트라 해도 프로젝트의 리스크가 큰 경우,

즉 프로젝트가 장차 창출하는 잉여현금흐름의 불확실성이 크다면 '하이 리스크 하이 리턴의 원칙'에 따라 높은 수익률을 바라게 마련이다. 그러므로 요구수익률과 같은 할인율도 높게 설정된다. 할인율이 높다는 것은 프로젝트가 창출하는 현금흐름의 현재가치 합계가 감소하는 것이므로 순현재가치도 당연히 감소한다.

이처럼 순현재가치가 마이너스로 나오면 투자를 유보해야 한다.

한편 낮은 할인율을 사용할 때는 어떤 안건이든 '투자 실행'으로 판단하기 쉽기 때문에 프로젝트의 리스크에 걸맞은 할인율을 사용하는 것이 중요하다.

일본 굴지의 종합상사인 이토추상사 등에서는 프로젝트를 실행하는 나라나 사업에 따라 할인율을 달리 설정하여 투자 여부를 판단한다.

내부수익률(IRR)법

순현재가치법 외에도 IRR법이라는 프로젝트 투자 판단 지표가 있다.

IRR은 **내부수익률**(Internal Rate of Return)의 머리글자다. IRR법이란 **'프로젝트의 순현재가치를 제로로 만드는 할인율'**이다. 다시 말해 '가치와 가격이 똑같아지는 할인율'을 말한다. IRR은 엑셀 프로그램에서 IRR함수를 사용하면 쉽게 구할 수 있다.

만화와 동일한 프로젝트를 인용하여 IRR의 의미를 다시 한 번 살펴보자.

프로젝트A의 IRR은 23.4%였다. IRR이 23.4%인 프로젝트A에 투자하는 것은 금리가 23.4%인 은행에 돈을 맡기는 것과 마찬가지다.

프로젝트A IRR=23.4%

단위: 만 엔

날짜	2017년 1월 1일	2017년 12월 31일	2018년 12월 31일	2019년 12월 31일
프로젝트A FCF	△1,000	500	500	500

이율=23.4%의 예금 계좌

단위: 만 엔

연도	① 예금 잔액 (1월 1일)	② 이자 (①×23.4%)	③ 인출 금액	예금 잔액 (12월 31일) (①+②+③)
2017년	1,000	234	△500	734
2018년	734	172	△500	405
2019년	405	95	△500	0

 예를 들어 2017년 1월 1일에 1천만 엔을 은행에 맡긴다고 가정하자. 은행 금리가 23.4%라면 올해 마지막 날 234만 엔의 이자가 붙는다. 그 마지막 날에 예금 계좌에서 500만 엔을 인출한다. 그러면 계좌 잔액은 734만 엔이다. 이 잔액을 계속 맡겨둔 채로 이듬해 역시 23.4%로 운용하고 2018년 마지막 날 또 500만 엔을 인출한다. 내후년에도 같은 상황을 반복하면 2019년 마지막 날에 계좌잔액은 제로가 된다.

 프로젝트A와 은행 예금이 만들어내는 현금흐름의 패턴이 같다는 것을 알 수 있다.

 은행에 1천만 엔을 맡기는 것은 은행에 1천만 엔을 투자하는 것이나 마찬가지다. 1년 만에 예금 계좌에서 500만 엔을 인출하는 것은 프로젝트A가 창출한 수익을 받는 것과 같다.

WACC와 IRR의 비교

IRR법을 사용하여 프로젝트 투자 여부를 어떻게 결정할까? 결론부터 말하면 기업의 자금 조달비용인 WACC와 비교한다. IRR법의 투자의사결정 과정은 다음과 같다.

① 프로젝트가 창출하는 현금흐름 예측
② 프로젝트의 IRR 계산
③ IRR > WACC면 '투자 실행', IRR < WACC면 '투자 유보'

'IRR법은 순현재가치법과 달리 WACC를 추정하지 않고도 계산할 수 있으므로 사용하기 쉽다'고 말하는데 사실은 그렇지 않다. IRR 자체가 높고 낮다는 논의는 의미가 없으며 무엇과 비교하느냐가 중요하다. **IRR법을 쓸 때는 IRR과 WACC를 비교하는 것이 핵심**이다.

앞의 예에서 '은행에 돈을 23.4%의 이율로 맡긴다고 했는데 그 돈은 몇 %의 이율로 조달했는가?'를 따져봐야 한다. 이율 30%로 조달한 돈을 23.4%의 예금 계좌로 운용한다면 참으로 어처구니없는 일이다. 조달비용(WACC) 이상의 수익률이 기대되는 예금 계좌(=프로젝트)에서 운용해야 한다.

IRR법의 결점

IRR은 비율 지표이므로 프로젝트의 규모 차이가 반영되지 않는다. 만화에서 진나이 부장이 아라시야마에게 다음 두 가지 중 어느 쪽을

고를지 질문했다.

A: 100엔 투자하면 1시간 후 150엔으로 되돌아온다

B: 1,000엔 투자하면 1시간 후 1,100엔으로 되돌아온다

아라시야마는 되돌아오는 금액이 큰 B를 골랐다. 그런데 비율로 따져보면 A는 수익률 50%(= (150 - 100) ÷ 100 × 100%), B는 수익률 10%(= (1,100 - 1,000) ÷ 1,000 × 100%)다. 즉 수익률만 보고 A를 고르는 것은 잘못된 판단이라는 것이다. 기업 가치라는 관점에서 금액이 많은 B를 골라야 한다.

다시 말해 프로젝트에서 얻어지는 이익 비율이 아무리 크더라도 기업 가치에 미치는 영향이 작으면 의미가 없다. 따라서 IRR법은 투자 우선순위를 정하는 데는 무용지물인 셈이다.

7

부채를 어디까지 상환하는가?

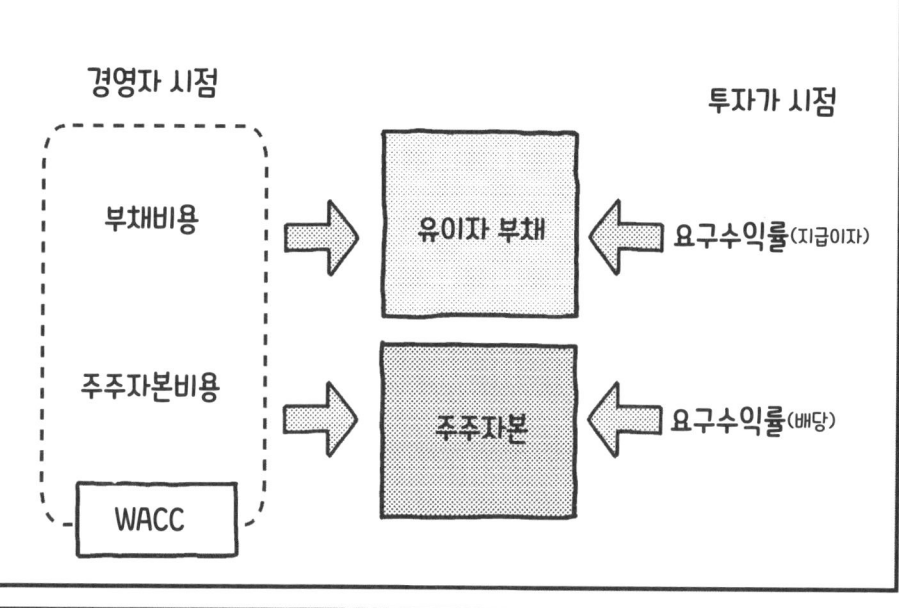

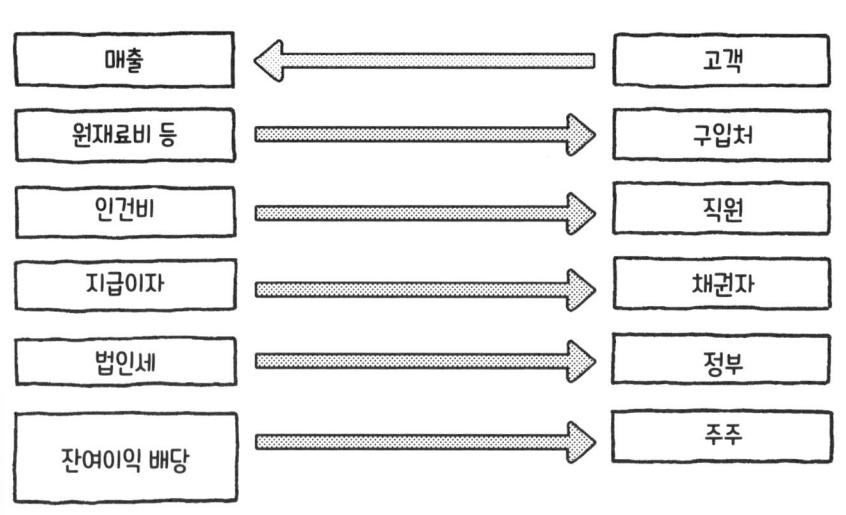

에― 그러면 금번	됐어. 시작해볼까!	다들 잔 들었 나요?

웅성
웅성
어험!

앞으로
더욱 큰 활약을
기원하며
건배하겠
습니다.

젠테크 유럽
지사장으로
취임하시는
진나이
부장님께서

건배!!

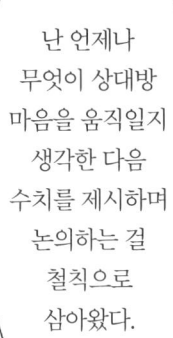

다음 과제는 새로운 성장 궤도에 어떻게 올라설까 하는 거다.

앞으로 자네들의 활약을 기대해. 나는 나대로 열심히 할 테니.

우리 주변에 수많은 건물이 늘어서 있지만 저절로 생겨나는 게 아니야.

건물은 저마다 한 사람 한 사람 생각이 모여 만들어낸 결정체나 다름없다.

CHECK POINT

차입금이 없으면 좋은 회사일까?

자금 제공자에는 주주와 채권자가 있다. 그러나 주주와 채권자가 생각하는 '좋은 회사'는 서로 다르다. 주주는 기업의 성장성을 중시한다. 즉 매출이 계속 증가하기를 바란다. 그래서 어느 정도 유이자 부채를 끌어들이는 것도 불가피하다고 생각한다.

한편 채권자는 기업의 안정성을 중시하기 때문에 차입금이 많으면 싫어한다. 차입금이 많으면 기업이 도산할 수도 있기 때문이다.

채권자와 주주의 마인드 차이

채권자는 왜 안정성을 중시하고, 주주는 성장성을 중시할까? 그 이유를 알아보기 전에 기업과 기업의 이해관계자 사이에는 어떤 마인드 차이가 있는지 살펴보자.

기업의 이해관계자로는 고객, 구입처, 직원, 채권자, 정부나 주주 같은 사람이나 조직 등을 들 수 있다. 경영자는 고객에게 제품과 상품 및 서비스를 제공해 매출을 올리며 구입처에는 원재료를 조달 받는 대신 매출원가라는 비용을 지불한다.

매출에서 매출원가를 뺀 것이 매출총이익인데 이것으로 직원 등의 급여와 각종 비용, 즉 판매관리비를 지불한다. 나아가 영업이익으로 채권자에게는 이자를 지불하며 나라나 지방 공공단체 등에는 세금을 납부한다. 마지막 남은 돈으로 주주에게 배당한다. 그래서 주주는 기업의 성장성을 중시하여 기업에 '매출을 올려주세요'라고 요구한다. 매출이 오르지 않으면 자신들에게 돌아올 이익이 줄기 때문이다. 주주의 손실 부담은 자신이 출자한 금액에 한정돼 있지만 이익은 끝도 없이 올리고 싶어 한다.

그러나 채권자는 동일한 자금 제공자이면서도 흐름상 주주보다 우

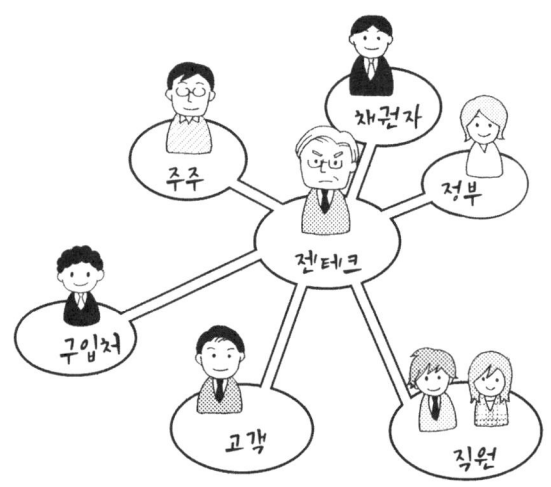

선순위가 먼저다. 게다가 채권자에게 지불해야 하는 리턴, 즉 이자는 차입 시점에 미리 계약으로 정해진다.

다시 말해 기업이 아무리 매출을 많이 올려도 리턴이 늘어나지는 않는다. 따라서 채권자는 성장을 지향하여 매출을 계속 상승시키거나 하이 리턴을 추구하여 하이 리스크의 투자를 하는 기업보다는 안정적으로 매출을 유지하는 기업을 선호하게 마련이다.

물론 매출이 줄어 도산 사태라도 벌어지면 이자는커녕 원금마저 회수할 수 없으므로 채권자라고 기업의 성장성을 전혀 개의치 않는다는 뜻은 절대 아니다.

하지만 일반적으로 동일한 자금 제공자라도 채권자는 안정성을, 주주는 성장성을 중시하는 경향이 있기에 양자의 마인드가 서로 다르다.

경영자는 사업의 영속성 추구

주주 가치경영이 직원을 비롯한 다른 이해관계자는 경시한다는 의견이 있지만 그렇지 않다. 수익 배분의 흐름을 봐도 주주는 맨 마지막 위치에 있다. 주주 가치경영이라 한들 상위에 위치한 다른 이해관계자에게 혜택이 먼저 돌아간다. 무엇보다 경영자가 우선시하는 덕목이 사업의 영속성이라는 점도 그 이유다.

큰 폭의 비용 절감과 정리해고를 통해 단기적으로는 주주의 이익을 올린다 하더라도 사업의 영속성 측면에서 볼 때 이는 경영자의 발목을 잡을 수도 있다. 따라서 경영자는 당연히 모든 이해관계자에게 적정 수익이 고루 배분되도록 노력할 수밖에 없다.

주주자본비용과 부채비용 중 어느 쪽 부담이 큰가

지금 100억 엔의 자금을 조달해야 한다면 데트 파이낸스(은행 차입이나 회사채 발행)를 선택할까, 에퀴티 파이낸스(주주의 출자)를 선택할까? 기업 입장에서 볼 때 데트 파이낸스에는 부채비용, 에퀴티 파이낸스에는 주주자본비용이 발생한다. 당연히 조달비용은 최대한 낮을수록 좋다.

이 질문은 '부채비용과 주주자본비용 중 어느 쪽이 유리한지'를 묻는 것과 같다. 부채비용과 주주자본비용은 투자자 쪽에서 보면 요구수익률이다. 이렇듯 입장이 바뀌면 똑같은 것이라도 표현 방식이 달라진다.

유이자 부채의 공급자인 채권자는 기업에 자금을 제공한 대가로 이자를 받는다. 그렇다면 주주는 어떤 형태로 대가를 받을까?

두 가지 형태가 있는데, 그중 하나가 배당이며 다른 하나가 주가상승에 따른 매각이익이다.

여기서 주주와 채권자 중 누가 더 위험부담을 안고 있는가라는 질문으로 바꿔보자. 답은 주주다. 채권자의 리턴(이자)은 계약에 따라 정해지지만 주주의 리턴(배당이나 주가 상승에 따른 매각 차익)은 약속된 것이 아니기 때문이다.

따라서 주주는 위험부담이 더 큰 만큼 그에 상응하는 더 큰 리턴을 요구한다. 경영자로서는 주주자본비용이 부채비용보다 부담이 더 클 수밖에 없다.

부채비용은 손익계산서에 지급이자로 나타나기 때문에 기업 경영자로서는 아무래도 부채비용 쪽에 관심이 더 쏠린다. 물론 주주 배당도 결산서에 드러나지만 주주에게 지불되는 자금 제공의 대가는 배당뿐

만이 아니다.

주가를 상승시키는 원동력인 성장에 대한 요구(기대)는 어떠할까? 사실 그런 부분은 결산서 어디에도 없다. 그렇다고 경영자가 무시할 수는 없다. 만약 경영자가 주주들이 요구하는 수준의 수익률을 내지 못하면 어떻게 될까?

당신이 어느 기업에 100만 엔을 출자한다고 가정해보자. 그 기업의 위험도를 감안하여 출자한 돈을 1년 후에는 적어도 110만 엔으로 만들려는 생각이 있다(즉 당신의 요구수익률은 10%이다).

그런데 생각과는 달리 그 기업 경영자는 당신의 요구(기대)에 부응하려는 모습을 보여주지 않는다. 그러면 투자할 다른 기업을 찾아 나서게 된다. 다시 말해 주식 매각을 고려한다는 뜻이다.

이처럼 주주의 요구수익률에 경영자가 부응하지 못했을 때는 주주가 주식을 시장에 내놓기 때문에 주가 하락으로 이어진다.

지급이자나 배당 등 실제 현금으로 나가는 것만 비용이 아니다. 주주는 다른 기업에 투자할 기회를 희생하면서 그 기업에 투자하고 있다. 주주로부터 경영을 위탁받은 경영자는 그 사실을 항상 명심해야 한다.

경영자는 재무제표 이상의 것을 볼 줄 알아야 한다.

에필로그

끝까지 읽어주셔서 정말 감사합니다.

본문의 만화는 궁지에 몰린 기업을 CFT(Cross Functional Team, 상호기능팀)의 팀원들이 재무 지식을 활용해 기업 구조조정에 뛰어들어 위기에서 벗어나게 하는 내용을 담고 있습니다. 여러분이 이 만화를 통해 재무란 무엇이며, 어떤 상황에서 활용하는지 이미지화할 수 있었다면 저로서 그보다 더한 기쁨은 없을 겁니다.

재무는 **기업 가치를 최대화하는 도구**입니다. 재무를 배워두면 도움이 됩니다. 그러나 그게 전부는 아닙니다. 비즈니스 세계에서는 '노력의 자세'뿐만 아니라 '본연의 자세'도 중요하기 때문이지요.

제가 MBA에서 습득한 재무를 비롯해 전략, 마케팅, 경영 등은 도구로서 그 사용법을 배우는 것도 물론 중요합니다. 그러나 그런 것들은 어디까지나 '노력하는 자세'가 필요한 세계죠. 다시 말해 응용프로그램이나 마찬가지인 셈입니다.

저 역시 그러한 소프트웨어의 버전을 업그레이드하기 위하여 앞뒤 안 가리고 열심히 달려왔지만 어느 순간 한계를 느꼈습니다. 그 원인은

운영체제(OS) 버전을 업그레이드하지 못해서라는 사실을 깨달았습니다. OS는 '본연의 자세'로 대해야 하는 세계입니다. 우리의 실생활에서 '본연의 자세'로 대해야 하는 것은 인생관, 사고방식과 같이 '눈에 보이지 않는 것'입니다.

중국에서는 중요한 것을 '근본'이라고 부릅니다. 나무의 뿌리는 땅속에 있으므로 누구의 눈에도 보이지 않지만 밑바닥에서 매우 중요한 역할을 합니다. 그러나 우리는 눈에 보이는 부분만 보고 그야말로 '탁상공론'만 일삼는 경우가 많습니다.

저는 이따금 어린 왕자에게 말한 여우의 대사를 떠올리곤 합니다.

"세상에서 가장 소중한 것은 눈에 보이지 않아."

비즈니스에서 소중한 것, 예컨대 신용, 믿음, 성실, 열의 등은 모두 눈에 보이지 않습니다. 여러분은 이처럼 눈에 보이지 않는 것들을 더욱 소중히 했으면 하는 바람입니다.

진나이가 말했듯이 숫자가 미래를 만들지는 않습니다. 여러분의 '마음'이 주변 사람을 움직임으로써 알찬 미래가 만들어집니다. 향후 여러분 모두 더욱 크게 활약하기를 기원합니다.

이 자리를 빌려 이 책이 나오기까지 고생한 많은 분께 깊은 감사를 드립니다. 만화가 이시노 도이 씨는 매우 멋진 그림을 그려주었습니다. 제가 쓴 시나리오가 차츰 형태를 갖춰가는 과정을 지켜보는 일은 참으로 진귀한 경험이었습니다.

시나리오와 관련해서는 다양한 분들께 조언을 받았습니다. 닛산자동차 근무 시절의 상사인 나카가와 가즈오 씨(현 닛산렌터카 사장)에게는 '재무를 모르는 사람은 CFT 멤버가 될 수 없어요'라는 핀잔을 들으면서도 이야기의 틀을 짜는 데 상당히 큰 도움을 받았습니다. 그 밖에도 마스다 다이이치 씨, 사타니 스스무 씨, 고노 야스코 씨 등 감사드려야 할 분들이 너무나 많습니다.

아울러 저희 회사 직원 기타가와 유이치 씨는 만화의 대사나 해설의 세세한 부분까지 지적해줌으로써 이 책을 더 알차게 만드는 데 큰 도

움을 주었습니다. 참으로 감사합니다.

또 다이아몬드출판사의 다카노쿠라 도시카쓰 씨는 기획과 편집 과정에서 저의 어려운 요구를 전면적으로 수용하고 반영해주었습니다. 대단히 고맙습니다.

이시노 유이치

참고문헌

石野雄一 著《ざっくり分かるファイナンス》光文社 2007年

石野雄一 著《道具としてのファイナンス》日本実業出版社 2005年

伊丹敬之・田中一弘・加藤俊彦・中野 誠 編著《松下電器の経営改革》有斐閣 2007年

金子智朗 著《「管理会計の基本」がすべてわかる本》秀和システム 2009年

坂口孝則 著《利益は「率」より「額」をとれ！》ダイヤモンド社 2010年

佐谷 進 著《体温の伝わる交渉》ウィズワークス 2014年

ジェームス・ジャンバルボ 著、ワシントン大学フォスタービジネススクール管理会計 研究会 翻訳《新版 管理会計のエッセンス》同文館出版 2015年

鳥居正直 著《本当の儲けを生み出す 戦略と会計のマネジメント》日本経済新聞社 2013年

西順一郎 編著、宇野 寛・米津晋次 著《利益が見える戦略MQ会計》かんき出版 2009年

野口真人 著《パンダをいくらで買いますか？》日経BP社 2013年

本間峰一 著《誰も教えてくれない工場の損益管理の疑問》日刊工業新聞社 2016年

安田隆二 著《企業再生マネジメント》東洋経済新報社 2003年

吉川武文 著《技術屋が書いた会計の本》秀和システム 2015年

만화로 배우는 재무회계

초판 1쇄 발행 2019년 4월 1일
개정판 1쇄 발행 2023년 9월 8일
개정판 3쇄 발행 2025년 10월 1일

지은이 이시노 유이치
그린이 이시노 도이
옮긴이 신현호
펴낸이 이범상
펴낸곳 (주)비전비엔피 · 비전코리아

기획편집 차재호 김승희 김혜경 한윤지 박성아
디자인 김혜림 이민선 인주영
마케팅 이성호 이병준 문세희 이유빈
전자책 김희정 안상희 김낙기
관리 이다정
인쇄 위프린팅

주소 우)04034 서울시 마포구 잔다리로7길 12 (서교동)
전화 02)338-2411 | **팩스** 02)338-2413
홈페이지 www.visionbp.co.kr
인스타그램 www.instagram.com/visioncorea
이메일 visioncorea@naver.com
원고투고 editor@visionbp.co.kr

등록번호 제313-2005-224호

ISBN 978-89-6322-216-5 04320

· 값은 뒤표지에 있습니다.
· 잘못된 책은 구입하신 서점에서 바꿔드립니다.